Petri Aloysii Galletti Romani

Inscriptiones Pedemontanae

Petri Aloysii Galletti Romani

Inscriptiones Pedemontanae

ISBN/EAN: 9783741180545

Manufactured in Europe, USA, Canada, Australia, Japa

Cover: Foto ©Angelika Wolter / pixelio.de

Manufactured and distributed by brebook publishing software (www.brebook.com)

Petri Aloysii Galletti Romani

Inscriptiones Pedemontanae

INSCRIPTIONES PEDEMONTANAE
INFIMI AEVI
ROMAE EXSTANTES
OPERA ET CURA
D. PETRI ALOYSII GALLETTI ROMANI
ORD. S. BENEDICTI CONGREGATIONIS CASINENSIS
ABBATIS SS. SALVATORIS ET CYRINI DE INSULA IN AGRO SENENSI
ET IN BIBLIOTHECA VATICANA LINGUAE LATINAE PROFESSORIS
COLLECTAE.

ROMAE MDCCLXVI.

TYPIS GENEROSI SALOMONI BIBLIOPOLAE
SUPERIORIBUS ANNUENTIBUS.

ANTONIO . THOMATO
EX . COMITIBVS . CELLARENGHI . ET . CLVSAE . VETERIS
PATRICIO . ASTENSI . ET . ROMANO
V. S. REFERENDARIO
SS. DNI . NRI . CLEMENTIS . XIII.
P. O. M.
PRAELATO . DOMESTICO
VIRO
MAIORVM . EXEMPLO
AD . ECCLESIASTICAS . DIGNITATES . INSTITVTO
AMORE . IN . LITTERAS
PROBATISSIMO
GENTIVM OMNIVM
CAROLO . EMANVELI
SARDINIAE . REGI . INVICTO
SVBIECTARVM
MONVMENTA
QVAE . IN . VRBE . AETERNA . EXSTANT
A . SE . COLLECTA
ET . IPSIVS . AVSPICIIS . MVNIFICENTIAQVE
ERVDITORVM . COMMODO
TYPIS . EDITA
PETRVS . ALOYSIVS . GALLETTI . CASINENSIS
ABBAS . INSVLANVS
D. D. D.

MONITUM.

UM alias pluribus de meo in colligendis, edendifque quibufcumque Romae exiftentibus infimi aevi infcriptionibus confilio egerim in praeloquiis unicuique jam vulgato volumini praemiffis, haud congruum puto in hoc denuo immorari. Itaque id unum heic adnotabo, quod Pedemontanas infcriptiones, ut illuftriffimo ac reverendiffimo praefuli Antonio Thomato U.S. Ref. morem gererem, editurus, optimo jure iifdem adnectendas effe exiftimavi eas etiam, in quibus urbes feu loca memorantur, quae etfi extra Pedemontis provinciam conftituta fint, imperio tamen CAROLI EMANUELIS Sardiniae Regis invictiffimi feliciter fubjiciuntur. Quamobrem fub uno Pedemontanarum infcriptionum titulo reperies quoque Sardas, Sabaudienfes, Montisferratenfes, Novarienfes, Derthonenfes, Viglevanenfes; & harum omnium collectionem ideo Pedemontanam dixi, quia fapientiffimus tot, & tam illuftrium nationum Princeps, Taurini, quod Pedemontii metropolis eft,

est, regiam suam habet sedem. Praeterea in Militum classe, omnes omnino, etsi aliarum nationum equites SS. Mauritii & Lazari referre opportunum visum est, quod omnes illustrissimo huic ordini adscripti nobiles viri ab eodem Sardiniae Rege veluti supremo capite, ac magistro, avito jure reguntur.

OPERIS CONSPECTUS.

Dedicatio	Pag. III
Monitum	v
Summi Pontifices, classis prima	1
Reges, classis secunda	11
S. R. E. Cardinales, classis tertia	14
Episcopi, classis quarta	31
Abbates et Praesules, classis quinta	41
Sacerdotes, Clerici, et viri Religiosi, classis sexta	53
Oratores, classis septima	67
Jurisconsulti, classis octava	69
Milites, classis nona	75
Officia Domus Pontificiae, atque Principum, classis decima	95
Medici, classis undecima	117
Liberalium Artium Professores, classis duodecima	121
In Pia Loca Largitores, classis decimatertia	123
Adfectus Parentum et Filiorum, classis decimaquarta	137
Adfectus Conjugum, classis decimaquinta	145
Adfectus Fratrum et Nepotum, classis decimasexta	157
Incertae, Amicorum, et eorum, qui sibi ipsis posuerunt, classis decimaseptima	166
Appendix	177

IMPRIMATUR,

Si videbitur Reverendissimo Patri Magistro Sacri Palatii Apostolici.

D. J. Archiep. Nicomed. Vicesg.

IMPRIMATUR.

Fr. Thomas Augustinus Ricchini Ordinis Prædicatorum, Sacri Palatii Apostolici Magister.

ROMANI PONTIFICES
CLASSIS PRIMA.

S. HILARI SARDI
A. C. CCCCLXI.

1.
Laterani.

In oratorio S. Johannis evangelistae in zophoro;
quod imminet hujus sacelli januae,
unicâ lineâ.

LIBERATORI SVO BEATO IOHANNI EVANGELISTAE HILARVS
EPISCOPVS FAMVLVS XPI

2.

Interius, supra januam:

CLEMENS. VIII. PONT. MAX.
ORATORIVM A S. HILARO PAPA IN HONOREM
SANCTI IO. EVANGELISTAE LIBERATORIS SVI ET
ALTERVM E REGIONE SANCTI IO. BAPTISTAE NOMINE
ANTE ANNOS MILLE ET CENTVM EXTRVCTA
VETVSTATE DEFORMATA
AD CONSERVANDA RELIGIOSAE ANTIQVITATIS
MONVMENTA RESTITVIT ATQVE ORNAVIT
AN. M.D.XCVII. PONTIF. VI.

INSCRIPT. PEDEMONT.

3.
Ibidem.
In oratorio S. Johannis Baptistae, in ejusque superliminari.

✠ HILARVS EPISCOPVS ✠ SANCTAE PLEBI DEI ✠

4.
Interius supra januam.

DILEXI DECOREM DOMVS TV...

5.
In aeneis portis ad dexteram.

IN HONOREM BEATI IOHANNIS BAPTISTAE

6.
Ad sinistram.

HILARVS EPISCOPVS DEI FAMVLVS OFFERT

S. PII V.
A. C. MDLXVI.

7.
S. Mariae supra Minervam.
Humi.

D. O. M.
FR. MICHAEL GHISLERIVS EX OPPIDO BOSCHI
AGRI ALEXANDRINI ORD. PRÆDIC.
TT. S. SABINÆ S. R. E. PRESB. CARD.
NOSCENS TERRAM TERRÆ SE REDDITVRVM
OB CERTAM RESVRRECTIONIS SPEM
IN VIRGINIS DEI GENITRICIS TEMPLO
CVIVS ET SANCTORVM AC PIORVM VIVENTIVM
CVPIENS ADIVVARI SVFFRAGIIS

HVNC

CLASSIS I.

HVNC SIBI LOCVM VIVENS
STATVIT
IN QVO CADAVER CVM SVVM OBIERIT DIEM
PONI CVRAVIT
ANNVM AGENS ÆTATIS SVÆ LX
ET HVMANÆ SALVTIS MDLXIIII
ANNO VERO MDCCVIII
MARCHIO IOANNES BAPTISTA PAPIEN.
MICHAEL PIVS RAYMVNDVS
ET INNOCENTIVS ROM. DE GHISLERIIS
RESTAVRANDVM CVRARVNT

8.
SS. Trinitatis in Monte Pincio.
Sepulcrum cum prosome.

Dextrorsum.

RODVLPHO PIO CARD
CARPEN. PRINCIPI SENAT
AMPLISS^{IS} ECCL^{IE} DEI MVNE
RIBVS SINGVLARI PRV
DENTIA PERFVNCTO
IVRIS ECCLESIASTICI
DEFENSORI . A . GRATIA
TERRORE VOLVPTAT$\bar{V}$
ILLECEBRIS ET ADVER
SIS CASIBVS ÆQVE IN
VICTO AD BENEFICEN
TIAM NATO IN SV$\bar{M}$A
GRAVITATE
IVCVNDISS.^{O}

Sinistrorsum.

PIVS V. PONT. MAX. SA
LVTARIS OFFICII IN CV
STODIA CATHOLICÆ
VERITATIS CONSORTI
PERPETVIS DE CHRI
STIANA REP^{CA} SENSIBVS
STVDIISQ CONIVNCTISS^O
HOC AMORIS ET IVDICII
SVI MONVMENTVM PO
SVIT AN. SAL. MDLXVIII
PONT. SVI IIL VIX. AN
LXIIII. MEN. II. DIES VIII
OBIIT ANNO SAL LXIIII
VI. NON MAIAS

INSCRIPT. PEDEMONT.

9.
In fronte palatii Inquisitionis:

PIVS V. P. M.
CONGREGATIONIS . SANCTAE . INQVISITIONIS
DOMVM . HANC . QVA . HAERETICAE
PRAVITATIS . SECTATORES . CAVTIVS
COERCERENTVR . A . FVNDAMENTIS
IN . AVGVMENTVM . CATHOLICÆ
RELIGIONIS . EREXIT
ANNO . M: D. LXIX

10.
S. Mariae supra Minervam:
Sepulcrum cum statua sedente.

IESV . CHRISTO
SPEI . ET . VITAE . FIDELIVM
PAVLO . IV. CARRAFAE . PONT. MAXIMO
ELOQVENTIA . DOCTRINA . SAPIENTIA . SINGVLARI
INNOCENTIA.LIBERALITATE.ANIMI.MAGNITVDINE.PRAESTANTI
SCELERVM . VINDICI . INTEGERRIMO
CATHOLICAE . FIDEI . ACERRIMO . PROPVGNATORI
PIVS . V. PONT. MAXIMVS
GRATI . ET . PII . ANIMI . MONVMENTVM
POSVIT
VIXIT . AN. LXXXIII. MENS. I. D. XX.
OBIIT . ↀDLIX
XVIII. KAL. SEPT. PONT. SVI . ANNO . V.

S. Jo-

CLASSIS L

11.
S. Johannis in Laterano.
In pariete.

PIVS V. PONT. MAX.
SIGNA DE CAROLI IX. CHRISTIANISSIMI GALLIAE REGIS
PERDVELLIBVS IISDEMQ. ECCLESIAE HOSTIBVS A SFORTIA
COMITE SANCTAE FLORAE PONTIFICII AVXILIARII EXERCITVS
DVCE CAPTA RELATAQ. IN PRINCIPE ECCLESIAR. BASILICA
SVSPENDIT ET OMNIPOTENTI DEO TANTAE VICTORIAE
AVCTORI DICAVIT ANNO M.D.LXX.

12.
S. Crucis in Hierusalem.

EX AVCTORITATE PII V. PONTIFICIS MAXIMI
FRANCISCVS CARDINALIS PACECVS
LOCVM HVNC
IN QVO SANCTISSIMAE RELIQVIAE CONDERENTVR
EXTRVXIT DICAVITQVE ANNO MDLXX.

13.
In aula regia palatii Vaticani.
Sub pictura exprimente navale proelium ad Echinadas.

CLASSES OPPOSITAE TVRCARVM VNA CHRISTIANAE SOCIETA-
TIS ALTERA

INTER PIVM V. PONT. MAX. PHILIPPVM HISPANIAE REGEM VE-
NETAM

REMPL. INITO IAM FOEDERE INGENTIBVS VTRINQVE ANIMIS
CONCVRRVNT

INSCRIPT. PEDEMONT.

14.
Ibidem.
Sub alia de eadem re pictura.

HOSTES PERPETVI CHRISTIANAE RELIGIONIS TVRCAE DIVTVR‑
NO VICTORIARVM SVCCESSV EXVLTANTES SIBIQVE TEMERE
PRAEFIDENTES

MILITIBVS DVCIBVS TORMENTIS OMNI DENIQVE BELLICO AP‑
PARATV AD TERROREM INSTRVCTI AD ECHINADAS INSVLAS
A COMMVNI CLASSE

PROELIO POST HOMINVM MEMORIAM MAXIMO PERSPICVA DI‑
VINI SPIRITVS OPE PROFLIGANTVR MDLXXI.

15.
In bibliotheca Vaticana.
In pariete primi cubiculi.

PIVS PAPA V. CENTVM QVINQVAGINTA OCTO VOLVMINA
LITTERARVM DIVERSORVM PONTIFICVM AVENIONE IN
BIBLIOTHECAM VATICANAM ASPORTARI IVBET

16.
In palatio Vaticano.
In fronte sacelli a sancto pontifice constructi.

PIVS V. P. M.

17.
S. Spiritus in Saxia.
In aula palatii.

PIO V. ALEXANDR. P. M.
REI FRVMENTARIAE EXTRACTIO

NVM

CLASSIS I.

NVM VNDE AEDIFICII HVIVS
EXTRVENDI PECVNIA POTISS.
EFFLVXIT INDVLTORI LIBERALISS.

18.
S. Mariae supra Minervam.
In fronte ecclesiae.

PIVS V. PONT. MAX.
EX ORD. PRAED.

19.
S. Mariae Majoris.
Insigne sepulcrum cum sancti pontificis statua.

PIO V. PONT. MAX.
EX ORD. PRAEDIC.
SIXTVS V. PONT. MAX.
EX ORD. MINOR.
GRATI ANIMI MONVMENTVM
POSVIT

In ipsa urna litteris aeneis.

CORPVS
S. PII V.
PONT. MAX.
EX
ORD. FF. PRAED.

Dextrorsum.

SELINVM TVRCARVM TYRANNVM
MVLTIS INSOLENTEM VICTORIIS INGENTI PARATA CLASSE
CY-

INSCRIPT. PEDEMONT.

CYPROQ. EXPVGNATA CHRISTIANIS EXTREMA MINITANTEM
PIVS V. FOEDERE CŪ PHILIPPO II. HISPANIAR. REGE
AC REP. VEN. INITO
M. ANTONIVM COLVMNĀ PONTIFICIAE CLASSI PRAEFICIES
AD ECHINADAS HOSTIBVS XXX. MILL. CAESIS X. MILL.
IN POTESTATEM REDACTIS TRIREMIBVS CLXXX. CAPTIS
XC. DEMERSIS XV. MILL. XPIANIS A SERVITVTE LIBERATIS
PRECIBVS ET ARMIS DEVICIT

Sinistrorsum.

GALLIAM CAROLO IX. REGE PERDVELLIVM
HAERETICORVMQ. NEFARIIS ARMIS VEXATAM VT DE REGNO
DEQ. RELIGIONE ACTVM VIDERETVR
PIVS V. SFORTIAE COMITIS SANCTAE FLORAE DVCTV.
MISSIS EQVITVM PEDITVMQ. AVXILIARIBVS COPIIS
PERICVLO EXEMIT
HOSTIBVSQ. DELETIS VICTORIAM REPORTAVIT
REGI REGNVM CVM RELIGIONE RESTITVIT SIGNA
DE HOSTIBVS CAPTA AD LATERAN. BASILICAM
SVSPENDIT

20.

S. Mariae de Aracoeli.

Litteris auratis in majori arcu:

QVOD . PII . V. P. M. PHILIPPI . II. HISP. REG. S. Q. VENETI .
AVSPICIIS . ICTO . CONTRA . TVRCAS . FOEDERE
CHRISTIANA , CLASSIS . AD . ECHINAD. PROEL.
DIMI.

CLASSIS L

DIMICAVERIT . TRIREMES . HOSTIVM . CLXXX. CEPERIT . XC.
DEMERSERIT . S. P. Q. R. VOT. SOL. IN . REDITV
M. A. COLVMNAE . PONT. CLASS. PRÆF.
ET . NAVALIS . VICTORIÆ . MONVMENTVM
DEIPARÆ . VIRGINI . LAQVEAR . AVREVM . DD. M.D. LXXV.
GREGORII . XIII. P. M. A. IV.

21.
Ibidem.

IESV . CHRISTO . HVMANÆ . SALVTIS . AVCTORI
QVOD . PIVS . V. PONT. MAX. ANIMI . CELSITUDINE
CVM . PHILIPPO . II. HISPANIAR. REGE . S. Q. VENETO
FOEDERE . INITO . SELYMVM . TVRCARVM . TYRANNVM
AD . ECHINADAS . INSVLAS . NAVALI . PRÆLIO . POST
HOMINVM . MEMORIAM . MAXIMO . DEVICERIT
S. P. Q. R.
M. ANTONIO . COLVMNA . PONTIFICIÆ . CLASSIS . PRÆF.
REDVCE . OVANTEQVE . OMNIVM . ORDINVM
GRATVLATIONE . RECEPTO . ÆDEM . HANC . AVREO
LAQVEARI . VEXILLISQVE . HOSTIVM . EXORNAVIT
ANNO . SAL. CXO. D. LXXXVI

ALEXANDRO MVTIO	MARCO ANTONIO SPANNOCCHIA
DOMINICO CAPRANICO COSS.	ANTONIO CAMAIANO
IOANNE BAPT. CORONATO	IOHANNE BAPT. ARAGON COSS.
TIBERIO MAXIMO PRIORE	HORATIO BONIOAN. PRIORE

22.

Supra interiorem portam palatii Inquisitionis.

PIO V. P. O. M.
ORTHODOXAE RELIGIONIS
ZELATORI VIGILANTISSIMO
HAERETICAE PRAVITATIS
HOSTI ACERRIMO
HVIVSCE DOMVS LARGITORI BENEFICENTISSIMO
A CLEMENTE PP. XI.
SOLEMNI RITV SANCTORVM FASTIS ADSCRIPTO
DIE XXII. MAII MDCCXII.
S. C. S. O. P.

CLASSIS II.

REGES

CLASSIS SECUNDA.

1.

In cryptis Vaticanis.
Carolottae Cypri Reginae, Ludovici Sabaudiae Principis uxoris.

KAROLA HIERVSALEM CYPRI
ET ARMENIAE REGINA
OBIIT XVI. IVLII AN. DNI
M. CCCC. LXXXVII.

2.

In hofpitali S. Spiritus in Saxia.
Sub imagine depicta.

KAROLETTA CYPRI REGINA REGNO PORTVNISQVE SPOLIATA AD XYSTVM IIII. SVPPLEX CONFV GIENS AB EODEM TANTA BENIGNITATE AC MVNIFICENTIA SVSCIPITVR VT PRAE INCREDI BILI ADMIRATIONE ANIMIQVE GRATITVDINE IN EIVSDEM PONTIFICIS LAVDES PROBVMPENS NON SOLVM SATIS ELOQVENTIAE HAVD SVP PEDITARI VERVM ETIAM ANIMI VIRES AD EAS EXPLICANDAS SIBI DEFECISSE VIDERI PASSA SIT

3.
In Vaticano.
In oratorio olim S. Andreae:

VGONI LINGLES EQVITI NICOSIENSI
REGNI CYPRI CAMERARIO BERVTIQ
DOMINO CAROLOTTAE DE LVSIGNANO
REGINAE CYPRI INCLITAE CONSILIARIO
FIDISSIMO DVM ILLAM PER TYRAN
NIDEM PVLSAM APVD SEDEM
APOSTOLICAM EXVLANTEM IN
TANTA FORTVNAE INIQVITATE SVM
MA FIDE ET CONSTANTIA SEQVITVR
TIBVRI DEFVNCTO AC IN VRBEM TRADV
CTO ANNA VXOR DVLCISSIMA BENEME
RENTI POSVIT SEDENTE XYSTO IIII.
OBIIT XIIII. AVGVSTI ANNO SALVTIS
MCCCCLXXVI. VIXIT ANNOS
LVI MENS. VIII. DIES XXVIII.

4.
In ecclesia SS. Sudarii.
In pariete.

CAROLO . EMANVELI

SARDINIAE . CYPRI . ET . HIERVSALEM . REGI

SABAVDIAE . &c. MONTISFERRATI . &c. DVCI . PEDEMONTIVM
PRINCIPI . &c.

QVOD

HANC . NATIONIS . SVAE . ECCLESIAM

SVBDITORVMQVE . IN . EA . IAMDIV . INSTITVTAM

AR-

CLASSIS II.

ARCHICONFRATERNITATEM
PRETIOSIS . B. AMEDEI . SABAVDIAE . DVCIS . RELIQVIIS
DECORAVERIT
PIETATE . MVNIFICENTIA . AC . PATROCINIO
DITAVERIT . AVXERIT
ANTONIVS . THOMATVS
V. S. REFERENDARIVS
CLEMENTIS . XIII. PONT. MAX. PRAELATVS ; DOMESTICVS
EIVSDEM . ECCLESIAE . PRAEFECTVS
TANTAE . BENEFICENTIAE
MONVMENTVM
SODALIBVS . PLAVDENTIBVS
PONI . CVRAVIT
ANNO . MDCCLXV

INSCRIPT. PEDEMONT.

S. R. E. CARDINALES
CLASSIS TERTIA.

I.
S. Praxedis.
In pariete.

QVINTILVS ET
ANNIBAL DE CAIIS
QVI PRO REGIBVS
ARAGONE IN
SARDINIA CLARIS
SIMAS VICTORIAS
CONTRA PISANOS
GLORIOSE
REPORTARVNT
SEPVLCHRVM HOC
GENTILI SVO
INSTAVRARVNT
M. CCCXXXII.

Humi.
In gyro sepulcri cum imagine ex anaglypho:

HIC REQVIESCIT
BENEDICTVS GAIVS CALARITANVS ANASTASII FILIVS PRESBY-
TER CARDINALIS
TITVLI SANCTE
PRAXEDIS CREATVS A GREGORIO SEPTIMO OBIIT ANO DNI
MLXXXVII.

S. Chry-

2.
S. Chryfogoni.
In pariete.

HIC SEPVLTVS EST
CONSTANTINVS CAO CALARITANVS
CVM HILARO PATRE ET ANASTASIO FRATRE
QVI HOSPITALE PRO SARDINIAE PAVPERIBVS
FVNDAVIT
CVI AEDES ATTRIBVIT ET CENSVS APPLICAVIT
HILARI PRECIBVS SARDINIAM A SARACENIS
PAPA LIBERARI CVRAVIT
ANASTASIVS FVIT LITERARVM PERITISSIMVS
PONTIFICIBVS CARVS ET PIETATE CLARVS
BENEDICTVS CAIVS ANASTASII FILIVS POSVIT
MLXVIII
HANC MEMORIAM PRIORI LAPIDE
VETVSTATE ABSVMPTO
FRANCISCVS CAIVS CALARITANVS
ALEXANDRI SEXTI CVBICVLARIVS
GENTILIBVS SVIS RENOVAVIT MDI.
BENEDICTVS SVPRADICTVS FVIT A GREGORIO VII
CREATVS PRESBITER CARDINALIS SANCTAE PRAXEDIS

3.
S. Petri in Vaticano.
In cryptis.
Sepulcrum cum imagine:

HIC DE LA PORTA IACET . ARDICINVS VTROQVE
IVRE TENES . PRIMVM DOCTOR IN ORBE LOCVM
PRIMVS ET ORABAT PER CŌSISTORIA CAVSAS
IVSTICIAM SVMMA RELIGIONE COLENS

POST.

INSCRIPT. PEDEMONT.

POST. AD CARDINEVM MERITO EXALTATVS
HONOREM
INTER APOSTOLICOS SEDIT ET IPSE PATRES
TALEM ROMA TIBI LOMBARDA NOVARIA MISIT
INSIGNEM GENERIS NOBILITATE VIRVM
QVI OBIIT ANNO DÑI MCCCCXXXXIIII.
DI VIIIL APRILIS

4.
S. Mariae de Populo.
Sepulcrum cum flatua jacente, in ipfa arca:
CONCORDES ANIMOS PIASQ MENTES
VT DICAS LICET VNICAM FVISSE
COMMISTI CINERES SEQVENTVR ET SE
CREDI CORPORIS VNIVS IVVABIT

In bafi.
CHRISTOPHORO RVVEREO TT. S. VITA
LIS PRESBYTERO CAR
DOCTRINA MORIBVS AC PIETATE INSIGNI
DOMINICVS XYSTI IIII. PONT. MAXIMI
BENEFICIO MOX TITVLI
SVCCESSOR AC MVNERIS FRATRI
B. M. ET SIBI POSVIT
V. A. XLIII. M. VII. D. XIX
OB. AN. VIII. PONT. XYSTI
KL. FEBR.

CLASSIS III.

5.
Ibidem.
Ad aram sacelli B. Virgini Mariae dicati.

DOMINICVS RVVERE CARD. S. CLEMEN
TIS CAPELLAM MARIAE VIRG. GENE
TRICI DEI AC DIVO HIERONYMO
DICAVIT

6.
Ibidem.
Humi.

DOMINICVS RVVERE CARD.
TIT. S. CLEMENTIS QVI AEDEM
HANC A FVNDAMENTIS PER
FECIT HIC PRO TEMPORE
QVIESCIT

7.
S. Petri in Vaticano.
In cryptis.
Sepulcrum cum imagine.

ARDICINO DELA PORTA ARDICINI CARD.
NEPOTI EPO ALERIEN. IVR. VTR. PERITISS.
CONCILIATORI MATHIAE VNGAR. REGIS CV
FRIDERICO III. AVG. GRARVM IVSTICIAEQ
REFERENDARIO ET SIGNATORI SEDENTE
XISTO IIII. AC INNOCETIO VIII. ET AB HOC
SPONTE OB MERITA PRESB. CARD. ELECTO
QVI VIX. AN. LVIII. DECES. SVB ALEXANDRO
VI. AB SALVTE NR MCCCCLXXXXIII.

INSCRIPT. PEDEMONT.

PRID. NON. FEBR.
DOMESTICI CLIETES HAEREDES SACELLO OR
NATO MONUMENT. HERO. EXEPLI POS.
AEQVA INDVSTRIAE
FIDES ET PVDOR

8.
S. Clementis.
Humi.

IOHANNI STEPHANO FERRERIO
SS. SERGII ET BACCHI PRESB. CARD. BONONIEN.
VIRO SANCTITATE DOCTRINAQVE INSIGNI
VIXIT ANN. XXXVL MENSES V. OBIIT ANN. MDX
III. NONAS OCTOBRIS
IVLIO II. PONTIFICE MAXIMO

9.
S. Mariae supra Minervam.
Humi.

D. O. M.
IACOBO PVTEO NICIENSI
S. R. E. PRESBYTERO CARD.
AC INTEGERRIMO VIRO
QVI SVMMAM I. V. SCIENTIAM
ITA CVM SVMMA PROBITATE CONIVNXIT
VT VNVS REIPVBLICÆ CONSTITVENDÆ
DISCIPLINÆQVE VETERIS REVOCANDÆ
PRÆCIPVVS AVCTOR
VOTIS BONORVM EXPETERETVR
VIXIT ANN. LXVIII. MENS. II. DIES XV.
OBIIT VI. KAL. MAII MDLXIII
ANTONIVS PVTEVS ARCHIEP. BARENSIS
NEPOS POSVIT

CLASSIS III.

10.
Ibidem.
Humi.

D. O. M.
SEPVLCRVM
IACOBO A PVTEO S. R. E. PRESBIT. CARD.
KAL. MAII AN. MDLXIII
PER ANTONIVM A PVTEO EPISC. BARIENSEM
EXTRVCTVM
COSMVS ANTONIVS A PVTEO
MARIAE VICTORIAE GVIDAE VOLTERRANAE
CONIVGI CARISSIMAE
DIE XXIII. IANVARII ANN. MDCXV
AET. SVAE ANN. XXX. MENS. VIII
VITA FVNCTAE INSTAVRANDVM CVRAVIT
SIBI POSTERISQVE SVIS PARAVIT

11.
S. Mariae Majoris.
Humi.

D. O. M.
PETRO FRANCISCO FERRERIO
TIT. S. ANASTASIAE S. R. E. PRESBYTERO CARDINALI
IO. STEPHANI BONONIEN. ET BONIFACII PORTVENSIS CARDD.
EX FRATRE NEPOTI
PHILIPERTI EPOREDIENSIS CARDINALIS FRATRI
GVIDO CARDINALIS VERCELLEN.
PATRVO OPTIMO OPTIMEQ. DE SE MERITO P.
VIXIT ANN. LIII.
OBIIT AN. SAL. MDLXVI. PRIDIE IDVS NOVEMB.

12.

S. Pancratii.
Humi.

D. O. M.
IO. PAVLO ECCLESIO DERTO
NENSI S. R. E. TIT. S. PANCRATII
PRESB. CARD.
VIRO INGENIO MEMORIA
FACVDIA ET PROBITATE
SINGVLARI
IVRISCONSVLTO EXIMIO
A PIO V. PONT. MAX
SIGNAT. IVST. PRAEFECTO
LVDOVICVS VICECOMES
AFFINI OPTIMO ET AMANTISS.
P
VIXIT AN. LIIII. M. D.
OBIIT IDIB. IAN, AN. IVB.
MDLXXV

13.

S. Mariae Majoris.
Sepulcrum cum protome marmoreo :

D. O. M.
GVIDO FERRERIVS TT. SS. VITI ET MODESTI
S. R. E. PRESBYTER CARDINALIS VT VIVENS VIVENTI PATRVO
PETRO FRANCISCO CARD. ET DIGNITATE ET VOLVNTATE
CONIVNCTISS. FVIT
ITA MORIĒS CORPORE AB ILLO ABESSE NOLVIT
CVM

CLASSIS III.

CVM QVO ETIAM SVMMA DEI BENIGNITATE FRETVS CELESTI
AC SEMPITERNA FELICITATE
SE FRVITVRVM
SPERAT
OBIIT DIE XVI. MAII MDLXXXV.

14.
S. Mariae supra Minervam.
Sepulcrum cum statua jacente.

MICHAELI . BONELLO . ORDINIS . PRAEDICATORVM

S. R. E. CARD. ALEXANDRINO . EPISCOPO . ALBANENSI

PII. V. EX . EODEM . ORDINE . SANCTISSIMI . PONT. SORORIS
NEPOTI

AB . EOQ. AD . GRAVISSIMA . SEDIS . AP. NEGOTIA . MODE-
RANDA . ADHIBITO

LEGATO . SACRI . FOEDERIS . ICIENDI . CAVSA . AD . REGES

IN . GALLIAM . HISPANIAM . LVSITANIAM

CVNCTIS . A . SE . PRO. REP. SVSCEPTIS . STRENVE . AC . FE-
LICITER . PERFVNCTO

RELIGIONIS . PRVDENTIAE . INTEGRITATIS

EXIMIAEQ. VIRTVTIS . LAVDE ; PRAESTANTISSIMO

VIXIT . ANNOS . LVI. MENSES . IV. DIES . VI. OBIIT . IV. KAL.
APR. CIƆ IƆ XCVIII.

QVOD . ILLI . MONVMENTVM . OB . IOANNEM . ALDOBRANDI-
NVM . FRATREM

IN . SACRVM . COLLEGIVM . A . PIO . COOPTATVM

ALIAQ.

INSCRIPT. PEDEMONT.

ALIAQ. EIVS . AVVNCVLI . IN . SE . FAMILIAMQ. SVAM . MERITA
CLEMENS . VIII. PONT. MAX. INSTITVERAT
PETRVS . CARD. ALDOBRANDINVS . S. R. E. CAMERARIVS
GRATAM . PATRVI . VOLVNTATEM . SECVTVS
COLLEGAE . OPT. POS. AN. CIƆIƆCXI.

15.
S. Petri ad Vincula.
In pariete .

D. O. M.
HIERONYMO . DE . RVVERE
TT. S. PETRI AD VINCVLA
PRESB. CARD.
TAVRINEN. ARCHIEPISCOPO
QVI : A . PVERITIA . ADMIRABILIS . INGENII
LINGVARVM . SCIENTIAE . ELOQVENTIAE
MOX . PRVDENTIAE . AC . DOCTRINAE
INSIGNIA . DEDIT . DOCVMENTA
VIRTVTISQ. ET . NOMINIS. SVI . CELEBRITATE
ITA . SEMPER . APVD . MAGNOS . PRINCIPES
ET . NATIONES . CLARVIT
VT . NVLLO . VMQVAM . HONORIS . GRADV
NON . DIGNISS. HABERETVR
LAELIVS . ET . IVLIVS . FRATRES
PATRVO . OPT. POSS.
VIX. AN. LXI. MEN. XI. D. XXVI
OB. VII. KL. FEB.
DVM . COMITIIS . PONTIFICIIS
IN . CONCLAVI . INTERESSET
CIƆ. IƆ. XCII.

CLASSIS III.

16.
S. Mariae in Via lata.
In pariete.

SERENISSIMO PRINCIPI
MAVRITIO A SABAVDIA
HVIVS TIT. DIAC. CARD.
QVI REGVM SATV ORTVS REGIA LIBERALITATE
PRINCEPS ET ABSQVE EXEMPLO
PRETIOSISSIMA SACRARIVM SVPELLECTILE INSTRVXIT
ET ECCLESIAE MAIORA IN DIES ORNAMENTA MEDITATVR
CANONICI
AETERNVM STATVERVNT GRATIAE ET HONORIS MONIMENTVM
ANNO SALVTIS M. D. C. XXXVII

17.
In oratorio S. Andreae in Laterano.
Sepulcrum cum statua genuflexa.

FRANCISCO ADRIANO
E CAESAREA CEVAE MARCHIONVM PROGENIE
QVEM
ROMA PRIMO VRBANI VIII. PONT. MAX.
INTIMVM CVBICVLARIVM
A SVPPLICIBVS LIBELLIS ET CVBICVLI DEINDE PRAEFECTVM
LVTETIA POST MODVM AD LVDOVICVM TERTIVM DECIMVM
GALLIARVM REGEM
PACIS CHRISTIANOS INTER PRINCIPES RESTAVRANDAE
NVNCIVM EXTRAORDINARIVM LAETANTER EXCEPIT
PRAELATVM INSVPER DOMESTICVM
AC STATVS APVD EVNDEM PONTIFICEM
ET PRINCIPVM A SECRETIS
DEMVM S. R. E. CARDINALEM CEVAM
SVMMO OMNIVM PLAVSV RENVNCIATVM

RO-

ROMA EADEM SVSPEXIT
HVIVS SACROSAN. LATERAN. BASILICAE OLIM CANONICO
ET MVLTIS DE EADEM NOMINIBVS OPTIME MERITO
CAPITVLVM ET CANONICI ADHVC VIVENTI
AETERNVM AMORIS GRATIQ. ANIMI MONVMENTVM
PP.
ANNO IVBILAEI M.DC.L.

18.
Ibidem.

Sepulcrum cum statua genuflexa.

D. O. M.
HADRIANO CEVÆ
S. R. E. PRINCIPI CARDINALI
E CÆSAREA ALDERAMNI MONTISFERRATI MARCHIONVM
PROSAPIA ORIVNDO
QVOD PER INGENTES ET DIVTVRNOS LABORES
EGREGIA SVORVM IMITATVS EXEMPLA MAIORVM
THETII BONIFACII ANSELMI NANI CARGILLASGII
IN AVLA TVM ROMANA TVM GALLICA
SVMMORVM PRINCIPVM
VRBANI OCTAVI PONTIFICIS MAXIMI
ET CHRISTIANISSIMI GALLIARVM REGIS LVDOVICI XIII.
IN ADMINISTRATO REI ECCLESIASTICÆ MVNERE
GRATIAM ET LAVDEM SIBI COMPARAVIT
SACRAQVE PVRPVRA CVM OMNIVM PLAVSV DECORATVS
POSTERITATI SVÆ ILLVSTRI CVM FAMA PRÆFVLSERIT
VBERVMQVE EXEMPLORVM MATERIEM IPSI RELIQVERIT
AD QVORVM IMITATIONEM
SIMILIA PONTIFICIÆ BENEFICENTIÆ ORNAMENTA SIBI PRO-
MEREATVR
ÆTERNÆ MEMORIÆ DIGNISSIMO PATRVO
TOTIVS CEVÆ FAMILIÆ NOMINE
FRAN-

CLASSIS III.

FRANCISCVS HADRIANVS VTRIVSQVE SIGNATVRÆ REFERENDARIVS
GRATISSIMVS NEPOS ET HÆRES
IN PERPETVI ARGVMENTVM AMORIS MONVMENTVM HOC
EX TESTAMENTO PONENDVM PRÆSCRIPSIT

19.
S. Bernardi ad Thermas.
In choro, humi.

D. O. M.
IOANNES BONA
PEDEMONTANVS
CONGREG. S. BERNARDI MONACH
ET HVIVS ECCLESIAE
TRANSLATO HVC TITVLO
S. SALVATORIS IN LAVRO
PRIM. PRESB. CARDINALIS
VIVENS SIBI POSVIT
OBIIT ANNO MDCLXXIIII
DIE XXVIII MENSIS OCTOBR.
AETATIS SVAE LXV.

20.
Ibidem.
In monasterio, in pariete.

BIBLIOTHECAM
S. R. E. CARDINALIVM
EX NOSTRA CONGREGATIONE
BONAE ET GABRIELLII
MVNIFICENTIA EXCITATAM
LIBRIS INSTRVCTAM

D   DOMI-

DOMINICVS TIT. S. BERNARDI AD THERMAS
PRESBYTER CARD. PASSIONEVS
NOVARVM AEDIVM ACCESSIONE
EXORNAVIT
ANNO DOM. MDCCXL.

21.
S. Mariae supra Minervam.
Sepulcrum cum protome aenea.

D. O. M.
CAROLO S. R. E. PRESB. GARD. BONELLO
PII V. PONT. MAX. SORORIS ABNEPOTI
MICHAELIS CARD. BONELLI FRATRIS NEPOTI
ALEXANDRO VII. VRBIS GVBERNATORI
MOX IN DIFFICILLIMIS EVROPÆ MOTIBVS
AD PHILIPPVM IV. HISPANIARVM REGEM
NVNTIO AD PACEM PERTRACTANDAM
EXTRA ORDINEM MISSO
POSTEA ORDINARIO CONFIRMATO
DEMVM IN EADEM LEGATIONE
CARDINALI RENVNCIATO
EISDEM EGREGIIS ARTIBVS
QVIBVS PVRPVRAM MERITVS FVERAT
APVD CIVES ET EXTEROS APPRIME CLARO
MICHAEL DVX SALICIS ET ANTONIVS V. S. REF.
FRATRIS FILII
TVMVLO QVEM SIBI VIVVS EXTRVXERAT
MERENTES INCIDI CVRARVNT
OBIIT AN. SAL. MDCLXXVI. ÆT. SVÆ LXV.

CLASSIS III.

22.

SS. Regum Magorum.
Humi.

CAROLO THOMÆ MAILLARD DE TOVRNON S. R. E. CARDINALI

AVGVSTÆ TAVRINORVM PRÆCLARO GENERE ORTO

A CLEMENTE XI. P. M.

PRO CHRISTIANA RELIGIONE AD SINARVM IMPERATOREM LEGATO

ATQVE OB STRENVAM OPERAM SEDI APLICÆ NAVATAM

IN SACRVM CARDINALIVM ORDINEM ADSCRIPTO

POST ACCEPTVM COLLATÆ DIGNITATIS NVNCIVM

INTER GRAVISSIMAS EXPEDITIONIS ÆRVMNAS

EXIMIA FORTITVDINE SVSCEPTAS AC TOLERATAS

MACAI APVD SINAS VI. IDVS IVNII MDCCX

VITA ET LABORIBVS FVNCTO

CARDINALES PROPAGANDÆ FIDEI REBVS PRÆPOSITI

HIC CONDITO EIVS CORPORE

PER CAROLVM AMBROSIVM MEDIOBARBVM PATRIARCHAM ALEXANDRINVM

EIVS IN SINENSI LEGATIONE SVCCESSOREM

ROMAM ADVECTO

MONVMENTVM POSVERVNT

ANNO SALVTIS MDCCXXIII

23.

S. Mariae supra Minervam.
Humi.

D. O. M.
FR. AVGVSTINO PIPIA NATIONE SARDO ORD. PRÆD.
S. CONG. INDICIS SECRET. TOT. ORD. MAGISTRO GEN.
S. R. E. HVIVS TEMPLI TIT. PRESB. CARD.
ET AVXIMANÆ ECCLESIÆ ANTISTITI
QVI EA DIMISSA ROMÆ OBIIT
XX. FEBR. MDCCXXX. ÆT. SVÆ LXIX.
ET IN PROX. COMMVNI FR. SEPVLCHRO
TVMVLARI VOLVIT
NE TANTI VIRI IN THEOLOGICA SCĪA
VERSATISS. RELIGIONE PRVDENTIA
CÆTERISQ. VIRTVTIB. PRÆCLARI
MEMORIA PERIRET
FR. HVIVS CONVENTVS S. DOMINICI
MAIORICEN. S. MARTINI
ARBOREN. HERED. PP.

24.

S. Hieronymi de Charitate.
In pariete.

TEMPLVM HOC CLARISSIMVM OLIM S. PAVLÆ MATRONÆ ROM.
DOMICILIVM S. HIERONYMI ECCLESIÆ DOCTORIS MAXIMI HO
SPITIVM AC DIVTVRNVM S. PHILIPPI NERII DIVERSORIVM
VNA

CLASSIS III

VNA CVM ARA MAXIMA IN HONOREM S. DOCTORIS EIVSDEM
ERECTA (SVB QVA PRÆTER SS. PRIMITIVI ET VITALIS
RELIQVIAS EIVS TABVLA INCLVSAS ALIORVM PLVSQVAM
DVCENTORVM ITIDEM MARTYRVM CORPORA REQVIESCVNT
ILLMVS ET RMVS D. CAROLVS ALBERTVS GVIDOBONVS
CAVALCHINI ARCHIEPVS PHILIPPENSIS RITV SOLENNI
CONSECRAVIT III. KAL. OCTOBRIS ANNI MDCCXXXVIII
HVIVS VERO CONSECRATIONIS ANNIVERSARIVM FESTVM CELE
BRARI IN POSTERVM STATVIT DOMINICA TERTIA CVIVSLIBET
MENSIS SEPTEMBRIS QVA DIE XPI FIDELIBVS ILLVD DEVOTE
VISITANTIBVS PRÆTER PLENARIAM QVOTIDIANAM ALIASQVE
PLVRIMAS SVMMORVM PONTIFICVM BENEFICENTIA ATTRIBVTAS
INDVLGENTIAS ALIAM XL. DIERVM IN FORMA ECCLESIÆ
CONSVETA PERPETVO DVRATVRAM CONCESSIT
ARCHICONFRATERNITAS CHARITATIS
NE REI MEMORIA EXCIDERET MONVMENTVM PONI CVRAVIT

25.
S. Mariae Transpontinae.
In capitulo.

BENEDICTO XIV. PONT. MAX.
QVOD
CARMELITARVM ORDINEM PATRONO VITA DEFVNCTO
TVENDVM IPSE SVSCEPERIT
NEC NISI POST GENERALIA COMITIA ANNI MDCCXXXXIV
IN NOVI PATRONI FIDEM ET TVTELAM COMMISERIT
IO. IACOBVM MILLO DATARIVM
AD CONVENTVS ANTE ET POST COMITIORVM DIEM
SVO NOMINE AGENDOS ALLEGAVERIT
IPSE SE COMITIIS PRÆESSE
MAIESTATE SVA NON ALIENVM ESSE PVTAVERIT
FR. ALOYSIVS LAGHIVS FOROLIVIENSIS DVDVM VICARIVS APO-
STOLICVS
DEINDE ILLIS COMITIIS PRIOR GENERALIS CREATVS
H. M. P. ANNO IVBILEI MDCCL.

S. Chry-

26.

S. Chryfogoni.

Sepulcrum cum imagine ex anaglypho.

D. O. M.
IOANNI IACOBO MILLO
CASALENSI
EX MARCHIONIBVS ALTARIS
RELIGIONE CANDORE MORVMQVE
INTEGRITATE SPECTABILI
QVI
A BENEDICTO XIV. PONT. MAXIMO
IVDEX SACRARVM COGNITIONVM
MOX DATARIVS
DEMVM S. R. E. PRÆSBYTER CARDINALIS
TIT. S. CHRYSOG. RENVNCIATVS
ET SACRÆ CONGREGATIONIS
PVRPVRATORVM PATRVM TRID. CONG.
INTERPRETVM
PRÆFECTVRA AVCTVS
XIII. KAL. DECEMBRIS ANNO MDCCLVII.
REPENTE OBIIT ÆTAT. SVÆ AN. LXIII.
MARCHIO FRANCISCVS CAROLVS MILLO
PATRVO BENEMERENTI
POSVIT

CLASSIS IV.
EPISCOPI
CLASSIS QUARTA.

1.
S. Augustini.
Humi, cum imagine ex anaglypho.

HIC IACET R. I. X. P. DNS IOHES DE GILLIACO EPVS QVŌDA VERCELLENSIS COMES AC REFE-RENDARIVS APPO (&c)
. . . .
MIGRAVIT A SECLO A. DNI MCCCCLVI. PON. DNI CALIXTI PA-PE III. A. II.

2.
S. Petri ad Vincula.
Humi, sepulcrum cum imagine ex anaglypho.

IO. AN. EPŌ . ALERIEN. GNE . DE . BVXIS . PA TRIA . VIGLEVANEN. XYSTI . IIII. PON. MAX REF. BYBLIOT. SECRETARIOQVE . VENE RANDO . SENATVI . AC. TOTI . ECCLIAE CARO . QVI . FVIT . PIETATE . FIDE . LITTE RIS . INSIGNIS . DE . PATRIA . PARENTI BVS . AMICIS . ET . OMNIBVS . BENEMERI TVS . IACOBVS . FR. GER. PIENTISSIMO VIX. AN. LVII. M. VI. D. XII. OBIIT
IOBELEI M. CCCCLXXV.
NON. FEBR.

S. Au-

3.
S. Augustini.
Humi.

D. O. M.
LVD. BRVNO ANTIST. AQVEN
CAESAREI PONTIFICIIQ
IVR CONSVLTISS APVD
OMNES FERE PRINCIPES
QVI CHRISTIANI NOMINIS
CENSENTVR LEGATIONIB
HONORIFICENTISS. FVNCTO
VIX. ANN. LXIII. M. III. D. VII
HENRICVS BRVNVS ARCHIEP.
TAREN. SVMM. PONTT. SACRIQ.
SENAT. A SECRET. AERARII
APOST. PRAEFECTVS AFFINI
PIETATIS ERGO P. P.
M. D. VIII
MAG. COELESTINVS BRVNVS
OR. ER. S. AVG. ASSISTENS ITALIAE
MAIORIBVS OPTIMIS MEMORIAM
HANC TEMP EDACITATE CORROSAM
VT IN CORDE IMPRESSIT
IN MARMORE RESCALPENDAM CVR
A. D. M.DCXLIIIX.

4.
S. Catharinae Funariorum.
Humi.

D. O. M.
BARTHOLOMEO PEPERI

SALV-

CLASSIS IV.

SALVTIANO EPISCOPO
MONTIS REGALIS QVI CVM
ANIMO ESSET IN PAVPERES
PROPENSISSIMO SVORV̄ BONO
RVM PARTE HVIVS SODALITII
DOTANDIS VIRGINIBVS
LEGATA ATQVE IN RELIQVVM
EISDEM HEREDIBVS INSTITVTIS
AETATIS SVÆ ANN. LXIIII
FORTITER DIE XVII IVNII
MD . . . . . . SODALES VIRO
. . . . RRIMO
BENEMERENTI POSVERE

5.
SS. Trinitatis in monte Pincio.
Humi .

IESV CHRISTO SALVTIS AVCTORI
IVLIO GENTILI PATRITIO TERDONENSI
EPISCOPO VVLTVRARIENSI VTRIVSQ.
SIGNATVRÆ REFERENDARIO
FRANCISCVS GENTILIS NEPOS ET
HERES EX TESTAMENTO PATRVO
DE SE OPTIME MERITO POSVIT
IDEMQ. ANNVVM REDDITVM HVIVS
MONASTERII FRATRIBVS CERTIS
CONDITIONIBVS PVBLICIS
DOCVMENTIS IN ACTIS IACOBI
GERARDI AVDITORIS CAMERÆ NOTARII
SVB DIE X. IVLII MDLXXVI. EXPRESSIS

INSCRIPT. PEDEMONT.

ASSIGNAVIT QVO COMMODIVS PER
EOS BIS IN HEBDOMADA SECVNDA
ET QVARTA FERIA RES DIVINA FIAT
ET QVOTANNIS DIE NONA IANVARII
ANNIVERSARIVM VSITATO ECCLESIÆ
MORE PRO IPSIVS EPISCOPI ANIMA
PERPETVO CELEBRETVR
OBIIT ANNVM AGENS SEXAGESIMVM
OCTAVVM NONA IANVARII
MDLXXII.

6.
S. Mariae Puritatis Caudatariorum.
Humi.

D. O. M.
MELCHIORI PELETTÆ
ASTEN CHRYSOPOLITANO
ANTISTITI
HIERONYMI S. R. E.
CARDINALIS
RVSTICVCII VRBIS
VICARII SVFFRAGANEO
ANNO SALVTIS
MDXCVII. ÆTATIS LVIII
VITA FVNCTO
VNIVERSO PATRIMONIO
PIE DISTRIBVTO

CLASSIS IV.

7.
S. Augustini.
In pariete cum imagine depicta:

D. O. M.
IOANNIS . BAPTISTAE . DE . ASTE
ALBIGANENSIS
PIETATE . DOCTRINA . PRVDENTIA . NOBILIS
HIC . OSSA . IACENT
QVEM . RELIGIOSA . D. AVGVSTINI . FAMILIA
VICARIVM . PRIVS . APOSTOLICVM . COLVIT
DEINDE . GENERALEM . ANTISTITEM
INAVDITO . EXEMPLO . VIVA . VOCE . CREAVIT
ET . IN . ITALIA . HISPANIA . LVSITANIA
GALLIAEQVE . PARTE
PRAESENTEM . AC . PROVIDENTEM . VIDIT
TAGASTENSIS . ECCLESIAE . PRAESVLEM
VENERATA . EST
PONTIFICIVM . SACRARIVM
PRAEFECTVM . OPTIMVM . CELEBRAVIT
GREGORIVS . DE . ASTE
FRATREM . AMANTISSIMVM
COLVIT . VIVENTEM . DEPLORAVIT . EXTINCTVM
OBIIT . ROMAE . ANNO . MDCXX
AETATIS . SVAE . LIIII

8.
S. Mariae Transpontem.
Humi.

D. O. M.
HIERONYMO LERIA PATRICIO VERCELLENSI
IOANNIS BAPTISTAE FILIO CAESARIS LERIA
EQVITIS HIEROSOLYMITANI NEPOTI VIRO

PIETATE ET SINGVLARI PRVDENTIA ORNATO
QVI OBIIT DIE X. FEBRVARII A. MDCXXVII.
ET VICTORIAE DE ROGERIIS ROMANAE
EX NOBILI ET VETVSTA FAMILIA MATRONAE
LECTISSIMAE QVAE OBIIT XVI. SEPTEMB.
A. MDCXXXVIII. FR. LEONARDVS
ORD. CARMELIT. EPISCOPVS MINORENSIS
BERNARDVS TRIBVNVS MILITVM ET
CATHARINA FRANCISCI DE ALEXANDRIS
NOB. FLORENTINI VXOR PARENTIBVS
PIENTISSIMIS AC OP. MER. SIBI
SVISQVE POSVERVNT

9.
S. Andreae de Valle.
Humi.

D. O. M.
MARCO ANTONIO THOMATO PEDEMONTANO
EPISCOPO BITECTENSI
SACROSANCTAE LATERANENSIS ECCLESIAE VICARIO
ET VISITATORI APOSTOLICO
VRBANO VIII. PONT. MAX.
OB PROBITATEM DOCTRINAM RERVMQ. GERENDARVM VSVM
ACCEPTISSIMO
LITIVM IVDICANDARVM PERITIA ET LIBRIS EDITIS
CLARISSIMO
MARCVS ANTONIVS ASTENSIS EPISCOPVS
ET IO. DOM^{VS} VTRIVSQ. SIGNATVRAE REFERENDARIVS
ET MAIORIS PRAESIDENTIAE ABBREVIATOR
FRATRIS FILII
EADEM PIETATE QVA VIVVM COLVERVNT
NON SINE LACRYMIS PP.
OBIIT ANNO SALVTIS M. DC. LXV
AETATIS LXXVIII

CLASSIS IV.

10.
S. Mariae in Vallicella:
Humi.

D. O. M.
AVGVSTINVS VICTORIVS ABB. RIPA PATRIT. TAVRIN.
SS. MAVRITII ET LAZARI MAGNÆ CRVCIS EQVES COMMEDAT.
VTRIVSQVE SIGNATVRÆ REFERENDARIVS
AB INNOC. XI. POST PLVRA ECCLES.$^{C\&}$ DITIONIS GVBERNIA
AD VERCELLENSEM INFVLAM EVECTVS
AC INTER EPISCOP. THRONO PONTIF. ASSISTENTES
COOPTATVS
SVAVITATE MORVM INTEGRITATE VITÆ SCIENTIARV LVCE
TOT IN ECCLESIA GRADIBVS HAVD IMPAR
AMICORVM CVLTOR MVNIFICVS
ET PRÆSIDIVM INGENS EGENORVM
QVIBVS
MORIENS OPES SVAS RELIQVIT
FELICIORI CENSV RESVRRECTVRVS
SVOS INTERIM CINERES COMPONI VOLVIT
IVXTA SACELLVM SANCTI PHILIPPI
CVIVS TVTELÆ SE VIVENS ADDIXERAT
OBIIT TERTIO NONAS NOVEMB. MDCXCI.
ÆTATIS SVÆ ANNO LXVI.

11.
S. Andreae de Fractis:
Sepulcrum cum protome.

D. O. M.
IO. DOMINICVS THOMATVS PEDEMONTANVS
EPISCOPVS CYRENENSIS
DIVINI HVMANIQVE IVRIS SCIENTISSIMVS
VARIIS MVNERIBVS A SVMMIS PONT. DECORATVS

ALE.

INSCRIPT. PEDEMONT.

ALEXANDRO VII. V. E. REFERENDARIVS
INNOCENTIO XI. AD EXERCENDVM
PROCANCELLARII MVNVS ELECTVS
SIGNATVRÆ A SVFFRAGIO PROREGENS
ET AVDITORIS CAMERÆ LOCVMTENENS
INNOCENTIO XII. SAC. CONGREGATIONIS CONCILII
A SECRETIS
ET SAC. INQVISITIONIS CONSVLTOR
CLEMENTE XI. EPISCOPVS ADSISTENS
SIGNATVRÆ GRATIÆ VOTANS
AC SAC. POENITENTIARIÆ SIGILLO PRÆFECTVS
AD TESTANDAM ERGA D.FRANCISCVM DE PAVLA RELIGIONEM
COMMVNE CVM EIVSDEM S. INSTITVTO
ADDICTIS RELIGIOSIS VIRIS SEPVLCHRVM
ELEGIT ET OBTINVIT
VIXIT ANNOS LXXV. OBIIT XXIII.
MARTII MDCC. XI.

12.

In oratorio SS. Sudarii.

In ingressu in pariete ad dexteram.

VEN. ARCHICONFR. SS. SVDARII ORATORIVM AD DIVI
NAM SINAXIM PERAGENDAM PROPRIO ÆRE A FVNDA
MENTIS VITALES DVM CAPERET AVRAS IOHANNES
DOMINICVS THOMATVS PEDEMONTANVS PIE EXTRVXIT
ABBAS IAM S. MARIE IN SYLVA VERCELLEN. AC
L̄NS EPISCOPVS CYRENEN. ET ASSISTENS S. OFFICII
CONSVLTOR CONGR. CONCILII SECRET. EPISCOPORVM
EXAMINATOR ET SAC. POENITENTIARIÆ SIGILLO
DECORATVS PERPETVO SINGVLIS HEBDOMADIS DINA
RVM

CLASSIS IV.

RVM MISSARVM ADIECTO ONERE IN SVÆ SVORVMQVE
ANIMÆ EXPIATIONEM VT EX PVBLICIS TABVLIS AV
GVSTINI SABBATVCCI NOT. AC ANNO DÑI MDCXCI.
OBIIT AVTEM ANNO SALVTIS MDCCXI. ÆTATIS SVÆ
ANNOR. LXXV. DIE XXIII. MARTII.

13.
S. Laurentii in regione Montium.
In pariete.

ECCLESIAM HANC
ILLMVS ET RMVS D. FREDERICVS GIORDANI
ARCHIEPVS MILITEN
NONIS IVN. MDCCXXVIII
SOLEMNI RITV CONSECRAVIT
ANNIVERSARIA VERO DIEM
VNA CVM INDVLGENTIIS
AD IV. DOMINICAM OCT
TRANSFERRI DECREVIT

14.
S. Chryfogoni.
In pariete.

D. O. M.
FRANCISCVS FRIDERICVS DE IORDANIS CASALEN.
EQVESTRIS ORDINIS S. STEPHANI BAIVLIVVS
ARCHIEPISCOPVS MELITENEN. PROTHONOTARIVS APOSTOLICVS
VTRIVSQVE SIGNATVRÆ REFERENDARIVS
SS. D. N. PAPAE PROELATVS (sic) DOMESTICVS
ET PONTIFICIO SOLIO EPISCOPVS ASSISTENS
QVI
MAGNVS MENTE MAGNALIA CONCEPIT, MAIOR DESIDERIO
PLVS-

INSCRIPT. PEDEMONT.

PLVSQVAM CONCEPTA DESIDERAVIT, MAXIMVS OPERE
CONCEPTA, ET DESIDERATA AD LAVDEM DEI ANIMARVMQVE
SALVTEM PERFICERE CVRAVIT
HIC
IN PP. CARMELITARVM CONGREG.^{NIS} MANTVÆ
QVOS SVMMO DVM VIXIT AMORE PROSEQVEBATVR SEPVLCHRO
IN VIVIS ELECTO,
REQVIESCIT
VBI DVM DIEM RESVRRECTIONIS EXPECTAT
EIVS NEPOS ET HAERES AMANTISSIMVS CAROLVS BENEDICTVS
TARACHIA DE IORDANIS
GRATI ANIMI
M. P.
VIXIT ANNOS LXXXVI. MENS. VIII.
OBIIT DIE XXX. IVLII
ANNO
MDCCXLI.

CLASSIS V.

ABBATES ET PRAESULES
CLASSIS QUINTA.

1.

S. Laurentii extra muros.
Humi.

ANTONIO . GASPARDONO . DE
CASALI . MONTIS . FERRATI . SACRÆ . T
HEOLOGIE . MAGISTRO . CELEBRI . HV
IVS . MONASTERII . ABBATI . LAVRENTIV
S . EIVS . GERMANVS . FATVIDVM (&c)
CVRAVIT

VIXIT . ANNIS . XL. DIEBVS . II. OBI
IT . ANNO . SALVTIS . XPIANE . M^O
CCCCLXVI . DIE . X. AGVSTI . PAV
LO . II. PONTIFICE . MAXI. SIBI . GER
MANO . QVE . SVO . FAVENTE

2.

S. Auguſtini.
Lapis oblongus, cum imagine ex anaglypho:

..... SPECTABILIS
LEGVM DOCTOR D. DAMIANVS DE CAPITANEIS DE NOVARIA
LITTERARÆ APLICAÆ
ABBREVIATOR ET SACRE
PENITENTIARIE SCRIPTOR QVI OBIIT ANNO DOMINI MCCCC
LXXVII. DIE XX. MEN.....

F   S. Cæ-

INSCRIPT. PEDEMONT.

3.

S. Caeciliae in regione Transtyberina.

Humi, ut supra.

. . . . VS DE VERCELLIS PPOSITVS FRĪ B̄DO IR. ĀBROSIO DE VIGLE
VENO MONASTERII VIS F... ORDIS HVMILIATOR
. . . . D. M. CCCCLXXVII.

4.

S. Honuphrii.

Humi, cum imagine ex anaglypho.

D. O. M.
VASINO . GAMBERIAE . CASALEN. MONTISFER.
INNOCEN. VIII. A . SECRETO . CVBICVL. CARISS.
ALEX. VI. PONT. MAX. QVOQ. PRAESIDIO
SVBDIAC. APLIC. ALIISQVE . RO. CV. MVNERIB. FVNCTO
QVEM . CM. (&c) ĀI . PROBIT. INGENIO LRĪSQ.
MAGNAM . DE . SE . SPEM . CONCITASSET
MORS . INTEMPESTA . SVBRIPVIT
BERNARDIN. ANTISTES . CAVALLICEN. PATRVVS
QVOD . AB . EO . EXPECTASSET . MOEST. POSVIT
OBIIT . PRD. ID. MAR. MDI.
VIX. ANN. XXXIII. MEN. II. D. XIX.

CLASSIS V.

5.
S. Mariae de Populo.
In clauſtro.

D. O. M.
IO. BAPT. ROTAE PEDEMONT.
OB EIVS ANIMI CANDOREM ET
EXIMIAM IVRIS PRVDENTIAM
A PIO IIII. PONT. MAX. INTER
SACRAE ROTAE PATRES ADNV
MERATO PETRVS ET IOANNES
FRATRI AMANTISS. POSVERVNT
VIXIT ANN. LIIL
OBIIT III. KL. OCT. M. D. LXIIII.

6.
S. Mariae ſupra Minervam.
In pariete.

D. O. M.
MICHAELI GHISLERIO SVMME IN
TEGRITATIS AC DOCTRINAE VIRO
A PIO V. PONT. MAX. INTER FAMILI
ARES INTIMOS RECEPTO GRAVISS.
DE REBVS QVOTIDIE CONSVLTO PA
VLO ANTE OBITVM PROTONOTARIO
APOSTOLICO CREATO TOTIVS CLERI
ET APOSTOLICAE FAMILIAE POMPA
ELATO VIXIT AN. LX. OBIIT IV. ID.
AVGVSTI M.D.LXVI.
PIO ET FRANCISCO FILIIS QVOR
ALTER EQVESTRI DIGNITATE INS
IGNITVS STRENVVS IN BELLIS FVIT
AC PRAELIO AD ECHINADAS NAVALI

INSCRIPT. PEDEMONT.

FORTITER IN TVRCAS DIMICANS
VVLNERIBVS ACCEPTIS VICTORIAM
ADIVIT OBIIT ANN. ÆTAT. SVÆ
LIV. PRID. KAL. APRIL. M.D.XCI.
FRANCISCVS VERO IN ROM. CVRIA
ADVOCATVS OPTIMA DE SE ME
RITO EXPECTATIONE CONCITATA
INTER DVO DE TRIGESIMVM ÆTAT.
ANN. EXTINCTVS V. KAL. IVLII
M.D.XC.
PAVLVS GHISLERIVS I. V. D.
PATRI OPTIMO FRATRIBVS
CARISS. SIBI POSTERISQ. POSS.T

ANNO VERO MDCCXLVI.
MICHAEL GHISLERIVS IVN.
INSTAVRARI CVRAVIT

7.
S. Angeli in Burgo.
Humi, cum imagine ex anaglypho.

D O M
ANTONIO SALVTIO
CLAVISIANÆ CONDÑO
EX NOBIL MARCHIONV̂
SALVTIAR FAMILIA OR
TO PROT.RIO APP.CO OB EX
MIÂ PROBITATEM
OMNIBVS CARO DEQ
HVIVS T̂EPLI SOCIE
TATE BENEMERITO

CLASSIS V.

VIXIT ANNOS LI
OBIIT XVII IANVARII
MDLXX
VINCENTIVS PARPALEA
SER.^{MI} E (sic) PHILIBERTI
SABAVDIÆ DVCIS
ORATOR
NEPOTI CA R.^{MO} M P

8.

S. Hieronymi de Charitate.

Humi:

BERNARDO CARNILIÆ
DERTONENSI PIO SACER
DOTI PROTONOTARIO
APOSTOLICO PONTIFI
CATV PII V. ET GREGO
RII XIII. MORVM ET EC
CLESIASTICE DISCIPLI
NÆ RESTITVTORI
AMICI. AMPLIORA
MERENTI PP
VIXIT ANNOS LIII
OBIIT DIE XXI. SEPTE
MBRIS M.D.LXXVI

INSCRIPT. PEDEMONT.

9.
S. Aloyſii nationis Gallicanae.
In pariete.

D. O. M.
IVLIO DADDEO A CIVITATE MONTIS REGALIS IN
PEDEMONTIO VTRIVSQ. SIGNATVRÆ S. D. N. PAPE
REFERENDARIO PROTHONOTARIO ET SVBDIACO
APOSTOLICO
VIRO INTEGERRIMO CHRISTIANÆ RELIGIONIS
OBSERVANTISSIMO CHARITATIS AMATORI NATV
RALI IN OMES PROFESIONE MVNIFICENTISSIMO
MORVM SVAVITATE OMNIBVS ACCEPTISSIMO
IN REBVS AGENDIS SPECTANDA DEXTERITATE
MVLTIS VIRTVTVM GENERIBVS PRAECELLENTI
POST MVLTAS PVBLICAS ET PRIVATAS HONORI
FICE GESTAS FVNCTIONES RABIDA FEBRE COR
REPTVS IMMATVRA MORTE PRAEREPTVS EST
AÑO DOMINI MDXCI DIE XIII FEBRVARII
VIXIT AÑOS XLV MENSES VI DIES XV
IOVANNES (&c) DADDEVS NEPOTI CARISSIMO
NON SINE MOERORE POSVIT

10.
S. Mariae ſupra Minervam.
Humi.

D. O. M.
ANDREAE MARTINI DE VTELLIS
EX DD. CASTRI NOVI NICIEN
OB PROBITATEM INTEGRITATEM ET SOLERTIAM
XII. SVMMIS PONT. ET V. ILLVSTRISS. ET REVERENDISS.
DD. CARDD. CAMERARIIS QVIBVS IN GRAVISSIMIS
CAM.

CLASSIS V.

CAM. APOST. NEGOTIIS FIDELITER INSERVIVIT
GRATO ET FIDO FAMILIARI IN SENECTVTE BONA
NON SINE AMICORVM MOERORE VITA FVNCTO
VIXIT ANNOS LXXVIIII. MENSES IX. DIES VIII.
OBIIT VII. IDVS IANVARII MDCI.
LVDOVICVS MARTINI MAIORIS PRAESIDENTIAE ABBREVIATOR
ET IOANNES ANDREAS FRATRES
PATRVO TANQVAM PATRI
MOESTISSIMI POSVERE

11.
S. Salvatoris in Lauro.
In pariete.

D. O. M.
IOANNI ANDREAE CASTELLANO
EX CARCARIS DIOECESIS ALBENSIS
VATICANAE BASILICAE CANONICO
VTRIVSQVE SIGNATVRAE REFERENDARIO
BENEFICENTIA INTEGRITATE IVSTITIA
TER MAXIMO
NATIO PICENA DONATARIA ET HAERES
POSVIT

12.
S. Gregorii in monte Coelio.
Humi.

D. O. M.
MARIAE MAGDALENAE BAYLAE
CEVAE CONIVGI OPTIMAE
CARISS. ET BENEMERITAE

IOSEPH BAYLA CONCIST.
ET PAVPER. ADVOC.
A MONTE REGALI PEDE
MONTIVM MÆSTISS. POSVIT
OBIIT XII. OCTOBRIS MDCXXVII. ÆTATIS
SVÆ ANNO XXVI.

13.
S. Mariae Transpontem.
In pariete.

HENRICVS SILVIVS ASTENSIS
GENERALIS CARMELITARVM
DISCIPLINÆ REGVLARIS AC LITTERARVM APVD SVOS INSTAV-
RATOR
ORDINEM VNIVERSVM PERLVSTRAVIT REXITQVE
ANNOS NOVEM ET DECEM
A CLEMENTE VIII. INTER THEOLOGOS S.CONGREGATIONIS DE
AVXILIIS
ADLECTVS
A SEDE APOSTOLICA PLVRA IN GRATIAM RELIGIONIS OB-
TINVIT
QVADRAGINTA QVATVOR CONVENTIBVS CARMELVM AVXIT
SACELLVM HOC EXTRVXIT TVMVLANDIS GENERALIBVS
SACRVMQVE QVOTIDIANVM INSTITVIT TVM
PRO MORTVORVM LEVAMINE TVM PRO VIVENTIVM
PROSPERO REGIMINE

TAN-

CLASSIS V.

TANDEM AD INFVLAS EPOREDIENSES ET ORATORIS MVNVS
A SERENISSIMO CAROLO EMANVELE
SABAVDIÆ DVCE NOMINATVS
OBIIT ROMÆ XIIII SEPTEMBRIS MDCXII ÆTATIS SVÆ LVI
ÆTERNÆ VIRI DE ORDINE OPTIME MERITI MEMORIÆ
G. P.
FRATER HIERONYMVS ARI ASTENSIS GENERALIS CARMELITA-
RVM
ANNO DOMINI M.DCLXV.

14.
In oratorio S. Andreae in Laterano.
Sepulcrum cum statua.

D O M

FRANCISCVS HADRIANVS EX MARCHIONIBVS CEVÆ
VTRIVSQVE SIGNATVRÆ SS. D. PAPÆ
REFERENDARIVS ET CONTRADICTARVM AVDITOR ETC.
CVM VT VETVSTISSIMÆ SVÆ FAMILIÆ ILLIBATO CANDORI PER-
PETVVM
DVRATVRO CONSVLERET TOTVM INGENTEM ASSEM HÆREDI-
TARIVM
IN MASCVLVM E FAMILIA MARCHIONVM CEVÆ EX PEDE-
MONTIO
G   A CEL-

A CELSITVDINE CAROLI EMANVELIS II. DVCIS SABAVDIÆ NOMI

NANDVM EX TESTAMENTO TRANSFERENDVM RELIQVERIT SVÆ PIETATIS

ERGA DEIPARAM VIRGINEM ET GRATI SVI ANIMI IN EMINEN

TISSIMVM PATRVVM OSTENSVRVS MONVMENTVM OCTOGINTA

SCVTA PRO SACRO QVOTIDIANO ALIAQVE VIGINTI ANNVA- TIM

EXCIPIENDA E MVLTIPLICO SECVNDÆ GENITVRÆ PRO MA- IORVM

DEFVNCTORVM ANNIVERSARIO PERPETVO ET IN HVIVS OR- NATVM

SACELLI SANCTÆ VIRGINI IN FONTE DICATI QVATVOR MIL- LIA SCVTA SEMEL
DANDA LEGAVIT

COMES CAROLVS OCTAVIVS EX IISDEM MARCHIONIBVS CEVÆ NVCETTI ET

BATTIFOLLI ANNO MDCLXXII A PRÆDICTO CAROLO EMAN PEDEMONTII PRIN

CIPE INVICTISSIMO IN CONCVRSV OMNIVM DE EADEM SVA FA- MILIA AD

MVNVS HÆREDITATIS CAPESSENDVM NOMINATVS VT MENTEM PIISSIMI
TESTATORIS IMPLERET

HVIVS VESTIGIA SEQVTVS HORTENTIVS MONASTERIOLI MAR- CHIO SACRI

ORDINIS MILITARIS S.S. MAVRITII ET LAZZARI MAGNÆ CRV- CIS EQVES

ET

ET IN VRBE RECEPTOR AC VISITATOR GERMANVS FRATER ET
HÆRES

IMMATVRA MORTE PRÆVENTVS . PRVDENTIA BVTII MAR-
CHIONISSA CEVA

ALDERAMNI CAIETANI , ET FRANCISCI ADRIANI ; FILIORVM
TVTRIX

OPVS INCHOATVM ABSOLVIT ANNO DOMINI CIƆIƆCLXXXIX.

15.
S. Martini in regione Montium.
Humi.

D. O. M.
FR. PAVLVS A S. IGNATIO
OBSERVANTIÆ TAVRINENSIS
CARMELITARVM OLIM LOMBARDIÆ
AC PEDEMONTIS PROVINCIALIS
PROCVRATOR ORDINIS FEL. REC.
INNOC. XI. GENERALIS ABSENS
ELECTVS PIETATE DOCTRINA
AC ZELO TOTI ORDINI AMABILIS
RECVSATO EPISCOPATV REGIO
A CAR. II. HISPANIARVM REGE
OBLATO POST ANN. XC. SVMMA
CVM LAVDE EXPLETOS ABIENS
DIE IV. APRILIS MDCCIV
HIC QVIESCIT

INSCRIPT. PEDEMONT.

16.
SS. Sudarii.
Humi.

D. O. M.
ILL͞MO . RMO . FRANCISCO . ESTENSI . TASSONI
COMITI . PALLAZZOLI . EQVITI . SS. MAVRITII . ET
LAZZARI . SS. SVDARII . PRIMICERIO . ET . BENEFACTORI
ANIMI . GRATITVDINE . CONFRATRES
M. P. MDCCLXII.

CLASSIS VI.

SACERDOTES, CLERICI, ET VIRI RELIGIOSI.

CLASSIS SEXTA.

1.

S. Blasii in Cantusecuto.

Humi.

D. O. M.
GEORGIO RVBINO TA
VRINATI SOLERTI
INGENIO INSIGNI HV
MANITATE VIRO QVI
DVM CONSILIO OPE
RA RE OMNES IVVAT
GRAVISS. DIVTINOQ
EX IMMODICIS LABORI
BVS MORBO CONFEC
TVS SEXAGENARIVS
DECESSIT •
OBIIT XVIII CALEN
IAN. M.D.LXII
GABRIEL ET IOANNES
BAPTISTA BASILICÆ
LATERANEN. SACERDOS
PATRI PP.

2.
S. Johannis in Laterano.
Humi.

D O M
IO. ANGELO DE IOVAELLIS
DIAC. CAPPELLAE S. DNI AC CA
LATERAN OBIIT QVART ID
DECEMB. MDLXIX
LVCIA EX FRATRE NEPT
ET FRANC. AGAGIN. DE
AMENO NOVARIEN
CONIVGES P. C.

. . . .
. . . .
. . . .
. . . .

3.
Ibidem.
Humi.

D. O. M.
IOANNES BAPTISTA RVBINVS
GEORGII TAVRINATIS FILIVS
CANONICVS LATERANENSIS
ANNV AGENS QVINQVAGESIMVM
XIII MAII MDLXXXIII
DIEM CLAVSIT EXTREMVM
EXEC EX TEST POS

CLASSIS VI.

4.
S. Aloysii nationis Gallicanae.
Humi.

D. O. M.
FRANCISCVS
DE BENEDICTIS
ALOBROX HVIVS
ECCLIE CVRATVS
OBIIT II. IVLII MDLXXXIV

5.
S. Augustini.
Humi.

D. O. M.
VITALI . BLANCO . PRESBYTERO . DE . HORTO . NOVO
LVNEN. SARZANEN. DIOEC. QVI . VIXIT . ANNOS . XLVIII
OBIIT . X. KAL. IVLII . ANNO . M.D.XCII
LELIVS . INVITIATVS . ALEXANDRINVS . ET
RVTILIVS . GALLACINVS : PRESBYTER . ROM.^{S}
EX . TEST. EXECVTORES . P.
ORATE . DEVM . PRO . EO

6.
S. Mariae de Populo.
Humi.

SISTE LEGE
VIXI MORTVVS
NIHIL NEC MEIPSVM HABENS
POST OBITVM DIS VIVO

ET SVM TERRA PVLVIS NIHIL
FVIT CAMILLVS ANGELVS
ALCHISIVS CASALENSIS
SED NVNC SVM QVOD FVERĀ
CONG. D. AVG. OBS. LOMBARDIÆ
PHIL. THOL. (&c) CONCIONATOR
VISIT DIE (&c) SOCIVS GÑALIS VIC
AD EXTREMVM
HVIVS CONTVS MODERATOR
.... LIBERE PROPVGNATOR
ET REGVLARIS OBS. ZELATOR
DVM MAIORA PARANTVR
ÆTATIS MEÆ LIII
AN. MDCVIII AVGVSTI XXVIII
FLVXI
NIHIL, NIHIL, ET OMNIA NIHIL

7.
S. Francisci ad Ripam.
In pariete.

DEO TRINO VNI
SEDENTE GREGORIO XV PON. OPT. M.
PRÆ MEMORIA
P. F. BARTHOLOMÆI A SALVTHIO
ORDINIS MIN. OBSER. REFORMAT:
CVIVS CORPVS
OB EXIMIAM VIRI BONITATEM
HOC IN MONVMENTO CONDIDIT
ODOARDVS CARD. FARNESIVS
ANNO SALVTIS MDCXXI

8.
S. Honuphrii.
Humi.

D. O. M.
IACET HIC IACTVS
ICTVS ARIETE FATI
BARTHOLOMEVS ARIETVS
DE SABAVDIA AB EIVS FILIO
P. COESARE HVIVS COENOBII
VICARIO HOC LAPIDE TECTV̄
SVIQVE TEGENDI
QVOS FATVM SIC ARIETABIT
VIXIT ANNOS LXXII OBIIT
DIE CXXXXVIIII ANTE
ARIETIS SIGNVM MDCXXII
P. A. MDCLVII

9.
S. Spiritus in Saxia.
In pariete.

D. O. M.
FR. CYRILLVS . ZABALDANVS . ALBEN
PRIORATVS . MONTIS . ROMANI
SVMMI . PONT. AVCTORITATE . FVNDATOR
EVMDEM . EIVSQVE . ANNVOS . PROVENTVS
TEMPLI . HVIVS . SACRAE . VESTI . AC. SVPELLECTILI
IVGITER . INSTAVRANDAE . DICAVIT. ADDIXITQVE
STEPHANO . VAIO . EP. CYRENEN. PRAECEPTORE
ANNVENTE
ANNO . A . PARTV . VIRGINIS . CIƆIƆCXXXVIIII

10.

S. Aloysii nationis Gallicanae.
Humi.

STEPHANO ARNALDO SABAVDO
HVIVS ECCL ANNOS XL
CAPELLANO
QVI HVIVS CAPELLAE
LAMPADEM
FVNDAVIT IN PERPETVVM
VIXIT ANNOS LXXX
OBIIT PRID CAL AVGVSTI
ANNO MDCXLII
CONGREGATIO S. LVDOVICI
HAERES
P.

11.

S. Mariae Majoris.
Humi.

D. O. M.
IOANNES BAPTISTA
COMES RIPA PEDEMONT
HVIVS SACROSANCTAE
BASILICAE CANONICVS
SIBI VIVENS POSVIT
ANNO MDCXLV

CLASSIS VI.

12.
S. Mariae in regione Transtyberina.
Humi.

D. O. M.
MICHAEL ANGELVS VACCA
ALEXANDRINVS I. V. D.
HVIVS BASILICÆ CANONICVS
APOSTOLICI MEMOR EFFATI
MORTALIVM QVEMLIBET
QVOTIDIE MORI
VIVENS HIC SIBI
SEPVLCHRVM POSVIT
ANNO DOMINI MDCLVI

13.
S. Johannis Florentinorum.
Humi.

D O M
IO. CENA A SERRAVALLE VERCELLAR: HVIVS
ECCLESIAE CAPELLANVS EMM. DD. CARD
VERALLI GYPSII ROMAE FORISQVE ET
NVNQVAM SATIS LAVDATI EM. D. CARD. IVLII SACCHETTI
PER ANNOS XXIII HVMILIS ET FAMILIARIS SERVVS
PIETATE POSTREMI SVI DOMINI
ET ILLME FLORENTINAE NATIONIS HIC
QVIESCIT RESVRRECTIONEM EXPECTANS ET
FIDELIVM PRECIBVS SE COMMENDAT
VIXIT AN. LXV. MENS (&c) DIES (&c) OBIIT
DIE (&c) MDCLXIII
VIVENS POSVIT SIBI SVISQVE HAER
MDCLXIII

14.
S. Mariae in Trivio vulgo Cruciferorum.
Humi.

D. O. M.
IOSEPH THOMATI ANISTA
MONTIS REGALIS PEDEMO. CAN^{CVS}
PER ANNOS L.
INTEGRITATE AC PVRITATE VIXIT
ET PIETATE OBIIT
ROMAE TERTIO IDVS FEB.
MDCLXXIV.

15.
S. Johannis in Laterano.
Humi.

D. O. M.
IOACHINVS ROTA
DE MONTE REGALI
IN PEDEMONTANO L V. D.
AC PRIOR ECCLESIAE
S. MARIAE IN ARMETO
OBIIT DIE XXII MARTII
MDCLXXVI

16.
S. Mariae in regione Transtyberina.
In pariete.

D. O. M.
IOANNI IACOBO A PONTE DE ASSIA ALBINGANEN DIOEC
EIVS BASILICAE CANONICO

QVI

CLASSIS VI.

QVI VIVENS SEDVLO PRO EA VIGILANS
MORIENS
RELIQVIT OCTO LOCA MONTIVM S. PETRI
QVATVOR PRO FVNERIS SVMPTIBVS
ALIA QVATVOR PRO ANNIVERSARIO IN DIE EIVS OBITVS
AC VNO SACRIFICIO QVOLIBET MENSE IN ALTARI PRIVILE-
GIATO
CELEBRANDO
QVIEVIT IN DOMINO DIE XXVII APRILIS MDCLXXXVIII
CAPITVLVM ET CANONICI EX IPSIVS TESTAMENTO
POSVERE

17.
S. Laurentii in regione Montium.
In pariete.

AEDEM HANC DIVO LAVRENTIO SACRAM
NVDIS ASSIBVS HVCVSQVE RVSTICE TECTAM ET LONGA
SECVLORV VETVSTATE VNDEQVAQ RVINIS PROXIMAM
IVLIVS ANTONIVS DE RABBINIS VECIMENSIS
AQVEN DIECESIS (&c) DITIONIS MONFERRATENSIS RECTOR
FORNICE ET NOVIS LVMINIBVS AVCTAM
MARMORATO ARIS ORNATAM AC MVRIS IPSIS RESTITVTAM
NITIDIOREM IN HANC FORMAM REDEGIT
PROPRIO ERE ET PIORVM ELEMOSINIS
CHRISTIANAE SALVTIS ANNO MDCXCIII
ET IN EA VSQVE IN DIEM VNIVERSAE RETRIBVTIONIS
SVA OSSA DEPOSVIT ANNO (&c) DIE (&c) MENSIS
VIXIT AN. (&c) MENSES (&c) DIES

18.
S. Marci.
In sacrarii pariete.

CAROLO ANTONIO GALLI
IN BENNIS DIŒC. MONTIS REGAL.
IN SABAVDIA NATO
CAPPELLANO MARCHESETTO
ET CAPITVLARI PROVENTVVM
DIV EXACTORI
QVI
NE VACVVS FVTVRAM VITAM
INGREDERETVR
APVD HANC BASILICAM
VELVT
APVD ÆTERNITATIS
TELONIVM
LOCA OCTO MONT. CAM.
PROVIDO LEGATO
DEPOSVIT
VOLVITQ. PRO ANIMA SVA
BIS SACRIFICARI IN HEBDOM.
ET ANNIVERS. SING. ANN. IN PERP.
CELEBRARI
VT IN TEST. PER A. ODDI NOT. CAP.
DIE QVA DECESSIT APERTO
II. FEBR. MDCCXXX
VIRO FIDELI ET BENEMERITO
CAP. ET CAN. P. C.

19.
S. Mariae in Cosmedin.
In pariete.

D. O. M.
HIC
VNIVERSÆ RESVRRECTIONIS DIEM
EXPECTANT OSSA
CAROLI DOMINICI FVSCAGLIA
A CILIANO VERCELLEN. DIŒC.
HVIVS BASILICÆ
QVADRAGINTA ANNIS
VICARII PERPETVI MVNERE RELIGIOSE PERFVNCTI
FVNDATIS IN EADEM BASILICA ÆRE PROPRIO
DVOBVS BENEFICIIS PERPETVIS
BREVI MORBO E VIVIS EREPTI
ÆTATIS SVÆ SEPTVAGESIMO TERTIO
DECIMO SEPTIMO KALENDAS APRILIS MDCCXXXVII
IO. DOMINICVS FVSCAGLIA EX FRATRE GERMANO FILIVS
PATRVO ET SINGVLARI SVO BENEFACTORI
MŒRENS POSVIT

20.
S. Mariae de Victoria.
Humi.

D. O. M.
CAROLVS FRANCISCVS GANDVLPHVS LOCI SCAGNELLI
ALBEN. DIŒCESIS
ORIVN-

ORIVNDVS
ANNO REPARATÆ SALVTIS MDCLXIX. SACRO FONTE
XXVI. MARTII
RENATVS .
IN PRIMÆVA XVII. ANNORVM ÆTATE AD VRBEM
PERVENTVS IN EAQVE QVAMPLVRIBVS
MVNERIBVS LAVDABILITER
FVNCTVS
IN PVBLICA VNIVERSITATE IVRIS VTRIVSQVE LAVREAM ADE-
PTVS
AD INSIGNEM ECCLESIAM PAROCHIALEM ET COLLEGIATAM
S. MARCI PARITER DE VRBE QVAM PER
TRIGINTA ET VLTRA ANNOS
DILIGENTER GVBERNAVIT
PROMOTVS
VT ERGA SANCTISSIMAM VIRGINEM INTEMERATAMQVE DEI
OPTIMI MATREM
SPECIALEM CVLTVM ET VENERATIONEM QVAM INCVN-
CTANTER
RETINVIT POST . OBITVM QVOQVE PERENNITER PROFITE-
RETVR
ADHVC VIVENS CONSCIVSQVE VERBORVM ECCL. QVOD
IBIT HOMO IN DOMVM ÆTERNITATIS
SVÆ
SEPVL-

CLASSIS VI.

SEPVLCHRVM IN HAC ADEO VEN. ET DEVOTA ECCLESIA PRÆ-
LAVDATÆ

VIRGINIS BEATÆ MARIÆ VBI DVDVM CAPPELLANIAM CVM

ONERE MISSÆ QVOTIDIANÆ AD ALTARE MAIVS

PRIVILEGIATVM CELEBRANDÆ FVNDAVERAT

SIBIQVE ELEGIT ATQVE

CONSTITVIT

SIMVLQ. CVM CHRISTO , LICET INDIGNVS CVPIT DISSOLVI
ET ESSE
   CITIVS AC IN TERRA VIVENTIVM ESSE

DIVTINVS

ANNO SALVTIFERÆ INCARNATIONIS

D. N. JESV CHRISTI MDCC.

XXXXIII.

ORATE PRO EO

TEMPVS  ET HORA
SEMPER CVRRIT   VLLA ABSQ. MORA

21.
S. Sebaſtiani in Palatino.
Humi.

HIC IACET
FR. ANGELVS DE HIANIS
CALARITAN. EREMIT. CARMELIT
CVSTOS ECCL. S. SEBASTIANI
APVD ARCEM GANDVLFI OBIIT
XIX. NOV. MDCCLIV. ÆT. LXXXI

ORATORES.

CLASSIS VII.
CLASSIS SEPTIMA.

1.
S. Mariae Novae.
Humi.

OTHONI CARETANO EX MARCHIONIBVS
SAONAE HVMANI AC DIVINI IVRIS CONSVL
TISS. PRO INVICTISS. FRANC. SFORTIA DVCE
MEDIOLANI AD CALISTVM PIVM ET PAV
LVM ROMANOS PONTIFICES OB SINGV
LAREM FIDEM ET INTEGRITATEM
PERPETVO ORATORI
ODONINVS F. PATRI PIENTISS. POSVIT
MCCCCLXV. DIE XI. IANVARII

2.
S. Mariae Maioris.
Humi.

D. O. M.
BERNARDINO . BARBERIO
PRÆSB. DVLCEAQVENSI . I. V. P.

PHILIP. IV. REG. AD VIRG. ARAM . A . SACRIS
EIVSDEMQ. RERVM . ITALICARVM
ET . IO. AVSTRIACI
NEGOCIORVM . IN . CVRIA . ROM. GEREND. CVM
SVMMA . FIDE . RELIGIONE . MVNIFICENTIA
PIETATIS . ET . PRVDENT. FAMA . AN. XX. FVNCTO
PATRVO B. M. SIBIQ. POSTERISQ. SVIS
MARC. ANT. ET . IO. BAPT. EX . LVD. FRATRE . NEPO
AD. HÆC . DEI . GENITRICIS . LIMINA
MORIENTIS . VOTO . MON. PP.
OBIIT . AN. D. M.DC.LXIII. III. CAL. IVLII
ÆTATIS . SVÆ . LXXIV

JURISCONSULTI
CLASSIS OCTAVA.

I.
S. Mariae Lauretanae.
Humi.

D. O. M.
FABRITIO SVMMARIPAE
DOMO LAVDENSI CIVI ROM
PRO SVMMA ERGA DEVM PIETATE
AC RELIGIONE
IN HOMINES FIDE ET INTEGRITATE
SATIS PROBATO
QVI CVM PER ANNOS FERE L
IN FORO ET CVRIA CAPITOLII
CAVSIS SCRIBENDIS AGENDISQVE
RITE VACASSET
SACELLO HOC BEATAE CATHARINAE
VIRGINIS ET MARTYRIS
A SE EXORNATO ET INSTRVCTO
SODALITATE HAEREDE INSTITVTA
AETATE CONFECTVS HVMANIS CESSIT
VIXIT ANNOS LXXXI MENSES II
OBIIT VIII IDVS DECEMBRIS
ANNO A CHRISTO NATO MDCVI
SODALES LAVRETANI
SODALI OPT. AC BENEMER
POSS

INSCRIPT. PEDEMONT.

2.
S. Mariae supra Minervam.
Sepulcrum cum prosome.

DEO OPT. MAX.
HIERONYMO AMETO NOBILI TAVRINENSI
CIVI ROMANO VTRIVSQ. IVRIS DOCTORI
SVMMÆ ERGA DEVM RELIGIONIS
MVLTÆ IN EGENOS PIETATIS
PLVRIMÆ CVM OMNIBVS PROBITATIS
MAXIMÆQVE IN ARDVIS NEGOCIIS ET CAMERÆ VRBIS CON-
SERVATORIO
MVNERE DEXTERITATIS
AVVNCVLO BENEMERITO QVI ANNO SALVTIS MDCVIII SVÆQ
ÆTATIS
DEBITVM NATVRÆ PERSOLVIT
IOANNES BAPTISTA AMETVS DE FAGNANIS NEPOS ET EX TE-
STAMENTO HERES
MONVMENTI CAVSA

3.
S. Mariae in Aquiro.
In pariete.

D. O. M.
B. MARIAE VIRGINI DEIPARAE SALVTATAE
HORATIVS FERRARIVS PATRITIVS TERDONENSIS
CIVIS ROMANVS V. I. D.
SACELLVM HOC EXTRVXIT DEDICAVIT ORNAVIT
IBIQ. SEPVLCHRVM SIBI SVAEQ. VXORI

HER-

CLASSIS VIII.

HERMINIAE SVRDAE VIVENTIBVS CONSTITVIT
ET VT IN EO PRO DEFVNCTIS SACRVM QVOTIDIE FIERET
AC LYCHNVS IBIDEM PERPETVO LVCERET
ANNVVM VECTIGAL ADDIXIT
ANNO SALVTIS CIƆIƆCXVII

4.
Ibidem.

D. O. M.
IDEM . HORATIVS . FERRARIVS
PRO . SVA . IN . CHRISTVM . PASSVM
DOLENTEMQ. VIRGINEM . ANIMI . PIETATE
CERTAM . PECVNIAE . SVMMAM . IN . ID . ASSIGNAVIT
VT . AD . ARAM . CRVCIFIXI . SEXTA . QVAQ. FERIA
CONCINATVR . PLANCTVS . STABAT . MATER . DOLOROSA
AC . SEMPER . LYCHNVCVS (sic) . ARDEAT
ANNO . A . PARTV . VIRGINIS . CIƆIƆCXVII
AETATIS . SVAE . LXVIIII
VIXIT . ANNOS (sic)

5.
S. Mariae de Populo.
Humi.

D. O. M.
IACOBO FRANCISCO VIGNAE
ASTENSI I. V. D. ET IN ROMANA CVRIA
CAVSARVM PATRONO ERGA
CLIENTES SVOS CLEMENTISSIMO
AC MVNIFICENTISSIMO

CAE-

INSCRIPT. PEDEMONT.

CAESAR FRANCISCVS VIGNA
EX FRATRE PATRVELE NEPOS
MOESTISSIMVS POSVIT
VIXIT ANNOS SEXAGINTA DVOS
MENSES IIII. DIES VIIII
OBIIT DIE XVII. FEBRVARII
M.DC.XLIV

6.
S. Gregorii in Monte Coelio:
In clauſtri pariete.

D. O. M.
IOANNI BAPTISTAE GOSIO
E MONTE REGALI PROVINCIAE PEDEM.
CIV. ROM. ET CONSERVATOR. DIGNITATVM
QVAS A PRINCIPIBVS RETVLIT
ET VIRTVTVM TITVLIS
QVAS MVLTAS VEXIT IN PROVINC. CONSPICVO
VITA APVD OMNES LAVDABILI PERFVNCTO
AN. SAL. M.DC.XXVIII. AET. LXX
EVROPA MILONIA
HAERES EX ASSE CONIVGALI FIDE
ET VIRILI AMORIS
MVNIFICI SIGNIFICATIONE INSTITVTA
IN SINGVLOS DIES MISSA
SVAM ET MARITI ANIMAM
IN HAC ECCLESIA IVVAT
ET HONORIFICO TVMVLO EIVS CINERES
ORNAVIT

CLASSIS VIII.

STEPHANVS VGOLINVS ROM. CVR. ADVOC.
ET MARCELLVS SANGVINEVS CAVS. PATRON.
EXECVTORES TESTAMENTARII
PETRVS ANT. MILONIVS PRONEPOS
ET HAERES
ET BARTHOLOMOEVS CONSOBRINVS
DEFVNCTAE MOESTISSIMI
EX VOLVNTATE TESTATRICIS POSVERE
ANN. DOM. M.DC.XLIX

7.
S. Francisci ad Ripam.
In pariete cum imagine.

D. O. M.
VLYSSES CALVVS AB VNELIA
I. V. D. PROTHONOTARIVS APOSTOLICVS
IN S. P. A. CAVSARVM PATRONORVM COLLEGIO
ÆTATE DECANVS ET MERITO
HIC MORTI CEDENS
CLER. REG. PAVPER. MATRIS DEI
SCHOLARVM PIARVM
HÆREDIBVS INSTITVTIS
AD PATRIÆ IVVENTVTIS DISCIPLINAM
VT VIVENS ITA MORIENS
OMNIA PIETATI CONCESSIT
CANONICVS D. AVGVSTINVS CVNEVS
EXECVTOR TESTAMENTARIVS
CONCIVIS AMANTISSIMVS
EX HÆREDVM VOTO ET HÆREDITATIS ÆRE
P. C.
ANNO DNI MDCXCIV
VIXIT AN. LXXVI
OBYT XX. DECEMB. MDCXCIII

8.
Ibidem.
Humi.

D. O. M.
HIC IACEO
QVONDAM IVRIS CONSVLTVS
VLYSSES CALVVS AB VNELIA
NVNC SINE IVRIS OPE
NAM DE PATRONO
ME MORS FACIT ESSE CLIENTEM
PATRONVS CAVSÆ
AH (&c)
QVI LEGIS ESTO MEÆ

9.
S. Augustini.
Humi.

D. O. M.
HIC IACET D. NICOLAVS
PANCAXINVS CIVIS CALARITAN
I. V. D. QVI POST VARIOS CASVS
POST TOT DISCRIMINA RER
POST INDEFESSOS LABORES
SVPERATAS MISERIAS ET
CALAMITATES DVM CREDIT
QVIESCERE . . . . . .
. . . .
. . . .
. . . . . .

IO. SANNA DECANVS . . . . .
FRAN. DESSY. CANON. CALARIT
EXEQVT. TEST. EAR. CVM . . .
HOC A TESTATORE RELICTO
POSVERVNT

CLASSIS IX.
MILITES
CLASSIS NONA.

1.

S. Mariae de Populo.
Humi.

D. O. M.
F. IO. BAPTISTA PISCATOR
NOVARIENSIS EQVES
HIEROSOLIMITANVS
ET GENERE ET REBVS
GESTIS CLARVS ROMÆ
SEPTVAGENARIVS OPERA
HIERONIMI PISCATORIS
NEPOTIS IN HOC
SEPVLCRVM INFERTVR
ANNO DOM. MDLXXV
XVIII FEBRVARII

2.

S. Mariae in Aventino Ordinis Hierosolym.
In pariete.

D. O. M.
F. IO. DOMINICO . BONELLO . MILITI . SACRI
ORD. HIEROSOLYM. CVI . CLASSIARII

INSCRIPT. PEDEMONT.

MVNERE . QVINQVENNALI . PRO . RELIG.
PERFVNCTO . PRAEMIVM . NON . VIRTVS . DEFVIT
AETATIS . ET . FORTVNAE . FLOS . DEFLORVIT
VIX. A. XX. M. IV.
F. MICHAEL . BONELLVS . CARD. ALEXANDRINVS
PRIOR . VRBIS . PII . V. PONT. MAX. SORORIS
NEP. PATRVELI . FAC. CVR. ∞. D. LXXVI.

3.
S. Mariae in Campo Sancto.
Humi .

D. O. M.
ALEXANDRO RADIO NOBILI TER
TONENSI AEQVITI AVRATO STRE
NVO MILITI AC PRVDETI SIGNI
FERO ET LOCVTENENTI TVRME
EQVITV CVSTODIÆ PII V. ET
GREGORII XIII. SVMORVM PON
TIFICV FRATRI OPTIMO LAVRE
TIVS ARCHIDIACONVS TERTO
NENSIS MERENS POSVIT
VIXIT ANNOS LII. OBIIT TERTIO
NON. IANVARII ANNO SALVTIS
MDLXXXIII.

CLASSIS IX.

4.
S. Auguſtini.
Humi.

D. O. M.
MICHAELI DE ASTE
NOBILI ALBINGANENSI
I.V.D. QVI VIXIT ANNIS LV
OBIIT ANNO DOM. MDLXXXVIII
DIE VLTIMA MENSIS MARTII
SELVAGGIVS ET FR. GREGORIVS
EQVES ORDINIS XPI CM
NEPOTES ET HEREDES
POSVERE

5.
S. Mariae de Vialata.
In pariete.

SACELLVM B. VIRGINI A IO. BAPT. DE ASTE
RELICTVM HEREDIS ARBITRIO
EXTRVENDVM
FRANCISCVS BONAVENTVRA DE ASTE
EQVES S. IACOBI VOLVNTATEM OPTIMI
PARENTIS PRO IMPERIO COMPLEXVS
HOC LOCO EXTRVXIT ORNAVITQ. VBI ILLE
PRAECIPVA VENERATIONE HANC DEI
MATRIS EFFIGIEM SEMPER COLVIT

DIGNVS COMMENDARI IAM DEFVNCTVM
PRECIBVS VIVENTIVM QVI DVM VIXIT
AD DEFVNCTORVM ANIMAS
E PVRGATORIO IGNE LIBERANDAS
CENTENA SINGVLIS MENSIBVS
SACRIFICIA PER PLVRIMOS ANNOS
INDEFESSA PIETATE OFFERRI
DEO VOLVIT

5.

S. Spiritus in Saxia.
In pariete.

D. O. M.
ALEXANDRO GVARNELLO
ROMANO EQVITI
LECTISS. EQVITVM ORDINE SANCTI LAZARI
ET ILLVSTRISS. AVLÆ ALEX. FARNESII CARD.
CVI FVIT A SCRIBENDIS EPISTOLIS
POETAE ETRVSCO
CVM LATINIS VETERIBVS CONFERENDO
OCTAVIVS GVARNELLVS PARENTI OPT. POS.
VIXIT AN. LX
OBIIT VIII. KAL. MAIAS M. D. XCI

CLASSIS IX.

7.
S. Mariae de Scala.
Humi.

D. O. M.
MEMORIAE
FABRITII DE SINIBALDIS
EQVITIS SS. MAVRITII ET
LAZZARI IN SABAVDIA
ANNO MDLXXXXVIII

8.
S. Laurentii extra muros.
Sepulcrum cum protome.

MICHAELI . BONELLO . PII . V. PONT. MAX. EX . SORORE . PRONEPOTI

COPIARVM . S. R. E. CAPITANEO . GENERALI . OB . EGREGIVM IN . IPSO

FLORE . ADOLESCENTIAE . VIRTVTIS . SPECIMEN . NAVALI . PRAELIO

CONTRA . SELINVM . AD . ECHINADAS . EDITVM . MOX

PONTIFICIAE . CLASSIS . PEDITATVI . PRAEPOSITO

EMANVELIS . SABAVDIAE . DVCIS . TRIREMIVM . PRAEFECTO

MILITIAE . SS. MAVRITII . ET . LAZARI . IN . SVBALPINIS

MAGNO . COMMENDATARIO

EQVITI . ORDINIS . SANCTAE . MARIAE . ANNVNCIATAE . VIRO, STRENVO . ET

INTER

INTER . FORTVNAE . INCREMENTA . ET . TOT . BONORVM
TITVLOS . SVMMAM . HVMANITATIS . ET . MODERATIONIS .
LAVDĒ ASSECVTO

LIVIA . CAPRANICA . CONIVGI . CARISSIMO . MAESTISSIMA .
POSVIT

VIXIT . ANN. LII. MEN. VIII. D. XXIII. OBIIT . IPSO . DEI-
PARAE

ANVNCIATAE . FESTO . DIE . QVĒ . PRAECIPVA . PIETATE .
VENERARI . CONSVEVERAT

ANNO . M. DC. IV.

Ibidem.
Humi .

D O M
OSSA
MICHAELIS . BONELLI
PII . QVINTI
PONTIFICIS . MAXIMI
EX . SORORE
PRONEPOTIS

9.
SS. Trinitatis in Monte Pincio.
Humi .

D O M
DARIO VIRILI EQVITI
S^T LAZARI ET MAVRITII

CLASSIS IX.

AC LELIO VIRILI PAVPER
PCVRATORI SABINEN
ET SIGISMVNDÆ PRATÆ
ROM. EIVS VXORI
. . . . ANT^S AC P^S
. . . LANVS VIRILIS
FRATRES PATRVO AC
PARENTIBVS ET
. . . . . LIE PONENDVM
CVRARVNT
AN. M. DCX

10.
S. Mariae Magdalenae in Vialata.
Humi.

D. O. M.
MARCO ANTONIO PETRAE
EQVITI SS. MAVRITII ET LAZARI
NOBILI MEDIOLANENSI
ET CIVI ROMANO
PIETATE AC BENEFICENTIA
IN PAVPERES INSIGNI
MONIALES S. MARIAE MAGDALENAE
SECTATRICES
PRAEDIVITIS ASSIS
EX TRIENTE HAEREDES
GRATI ANIMI ERGO
POSVERE
ANNO SALVTIS
CIƆIƆCXIV.

11.
S. Mariae ad Martyres.
In pariete.

HORATIVS
DE RICCIS DE VOGHERA
EQVES
HIEROSOLOMITANVS
FVNDATOR COLLEGIATÆ
B. MARIE DE PLANCTV
FIERI CVRAVIT HOC BAPTISTERIVM
ANNO DOMINI MDCXXIII

12.
S. Luciae vulgo della Tinta.
Humi.

D. O. M.
HORATIO RICCIO VOGHERIENSI
EQVITI HIEROSOLYMITANO
COLLEGTÆ HVIVS IN DEIPARÆ HONOREM
FVNDATORI
EXIMIORVMQVE PRIVILEGIORVM
INSTAR INSIGNIVM BASILICARVM
IMPETRATORI
ARCHIPRESBYTER ET CANONICI
EX TESTAMENTO
MONVMENTVM POSVERE
ANNO DOMINI MDCCXXVII
VIXIT A. LXVII. M. VII. D. I.
OBYT VIII. ID. AVGVSTI MDCXXIX.

CLASSIS IX.

13.
S. Mariae Novae.
In pariete.

D. O. M.

FRANCISCVS CARRETTVS PRESBITER I. V. D. ET IOANNES FRA-
TRES
IMOLEN. AC ROMANI CIVES

TAM PERVETVSTÆ SVÆ FAMILIÆ CARRETTANÆ ORIGINIS

QVAM MORTIS MEMORES

PROPE OTHONIS ET ALIOR. SVOR. OSSA SIBI ET CLEMENTI
ATQ.
CORNELIÆ PIIS PARENTIB. ET

CASSIANO ECCL. IMOL. CANON. CVSTODI FRATRI AMANTISS. AC

HIPPOLITO I. V. D. PROT. APOST. DIVERS. EMINENTISS. PRÆ-
SVLVM VIC.
PATRVO BENEMERITO ET

COMITI IOANNI CARRETTO SERENISS. PRINCIPIS MAVRITII

CARD. A SABAVDIA INTIMO AC STRENVO MILITI

POSTERISQ. SEPVLCHRVM POSVERE AN. SAL. M.DC.XL.

14.
S. Mariae in Vialata.
In pariete.

D. O. M.

FRANCISCO . ZOBOLO . REGIEN. MARCH. TABIANI
SS. MAVRITII . ET . LAZARI . IN . SABAVDIA . EQVITI
PIETA-

PIETATE . PRVDENTIA . ET . FIDE
IN . ARMATOR. PRINCIP. CVSTODIENTIV . PRAEFECTVRA
NEC . IMPARI . ALACRITATE . IN . LONGIORI . BELG. ITINERE
SER. FRANCISCO . NVNC . REGNANTE
VT . IN . BREVIORI . ROM. EM. RAYNALDO . CARD.
P.P. ESTĒSIBVS . COMITI . AD . HONESTÂ . VITAE . IACTVRAM
AEQVE . PROBATO . ET . CHARO . AD . MAIORA . ADHVC ;
EXPEDITO
NISI . PRAEPROPERA . MORTE . IMPEDITVS
COELO . MATVRVS . QVADRAGENARIVS . OBIISSET
ANNO . DNI . MDCXLIIII. III. NON. SEPT.
SIGISMVNDVS . FRATER
FRATERNI . DOLORIS . VT . AMORIS
MONVMENTV . SIBI . ET . HAEREDIBVS
P. C.

15.
S. Stephani del Cacco.
Humi .

D. V. T.

MVTIO . MVTO . MAIORVM . MEMORIA

CONSPICVO

CAROLI . VALLIS . MVTIAE . DVCIS

APOSTOLI. SEDI . AB . ALLOBROGVM . DVCIBVS

ORATORIS . ELECTI

ET . TRIREMIVM . S. R. E. PREFECTI . GENER. FILIO

IN

CLASSIS IX.

IN . SANCTOR. MAVRITII . ET . LAZARI
ORDINEM . COOPTATO
EIVSDEMQ. TRIPONZI . ET . BELMONTIS
PERPETVO . COMMENDATARIO
QVI . OB . SINGVLARIS . CONSTANTIAE . SPECIMEN
PRAECLARAE . GENTIS. SVAE . MVTII . SCEVOLAE
NOBILITATI . RESPONDENS
CVM . HVMANITATEM . EXVERET . IMMORTALITATĒ
SORTITVS . EST . HVNCQ. LOCVM . SIBI . ELEGIT
OBIIT . DIE . XIII. IVLII MDCXXXXI.
MICHAEL . ANGELVS . MVTVS . ARIGNANI . DVX
ET . MARCHIO . SEPTIMI . TAVRINOR. HÆR. TEST.
PATRVO . M. P.

16.
Ibidem.

Humi.

D. O. M.
FLAMINIAE SCARNATAE ROMANAE
EX NOBILIBVS COMITIBVS
PANICI ET BORDINAE BONON.
NEPTI IOANNIS FRANCISCI BORDINI
EPISCOPI CAVALICENSIS
QVEM CLEMENS VIII. PONT. MAX.

CREA-

CREAVIT PROLEGATVM
ET ARCHIEPISCOPVM AVENIONENSEM
HIERONYMVS SCARNATVS
SS. MAVRITII ET LAZARI EQVES
COMMEND. ET RECEPTOR
CONIVGI DILECTISSIMAE AC
VIRTVTVM OMNIVM GENERE ORNATISSIMAE
SIBI POSTERISQ. SVIS
H. M. P.
VIXIT ANNOS XLVIII
OBIIT DIE XX. SEPTEMB. M.D.C.XXXVII
HIC DEMVM EIVSDEM POSITA
HIERONYMI OSSA QVIESCVNT
ÆTATIS TRES ANNOS SVPRA NONAGINTA
NONO CAL. FEB.^R OBDORMIVIT M.D.C.XLVI

17.
SS. XII. Apoftolorum.
In clauftri pariete.

D. O. M.
CAROLO CASALI
FRANCISCI ALLOBROGIS FILIO
CIVI ROMANO
SVB VRBANO VIII
INNOCENTIO X. ET
ALEXANDRO VII. PP. MM.
VARIIS PRAECLARISQ. MILITIAE

CLASSIS IX.

MVNERIBVS GLORIOSE PERFVNCTO
ET APVD ALIOS ITALIAE PRINCIPES
IISDEM FIDEI AC VIRTVTIS
EXPERIMENTIS
IN RE BELLICA SPECTATISSIMO
CATAFRACTORVM DVCI
PATRIAE SVISQ. MEMORANDO
FERRARIAE IMMATVRA MORTE
PRAEREPTO
ANNO REDEMPTIONIS NOSTRAE
MDCLIX
AETATIS SVAE XLVII
DIDACVS CASALIS FRATER
ILLACHRYMANS POSVIT

18.
S. Nicolai de Archionibus.
Humi.

D O M
AVGVSTINO MOLINARIO NOB. ALEX
VIRO SVO NOMINE CELEBRI
QVI PRIVS SVB REGE HISP. COPIAR. DVX
VILLÆ NOVÆ ASTENSIS GVBERNATOR
ATQVE EXERCITVS PROTRIBVNVS
DEINDE SVB APOSTOLICA SEDE
TRIBVNVS MILITVM PATRIMONII
POST MILITIÆ PONTIF. IN DALMATIA
CONTRA TVRCAS IMPERATOR

INGE-

INGENIO AC VIRTVTE CLARVS
OMNIVM DEMVM MÆRORE AD SVPEROS
EVOLAVIT ÆTATIS SVÆ AN. LXX.
IX. CAL. MARTII AN. SAL. MDCLXV.
OCTAVIANVS MOLINARIVS
MILITVM DVX EX FRATRE NEPOS
PATRVO CVM LACRIMIS POSVIT

19.
S. Mariae in regione Transtyberina.
In pariete.

D. O. M.
IOANNI PAVLO MOZZIO LAVRETANO
SS. MAVRITII ET LAZARI COMMENDATARIO
VIRO NON MINVS PROBITATE VBIQVE CONSPICVO ·
QVAM IN AVLA ROMANA PLVRIMIS SERVITIIS PRINCIPVM
FIDE ET DILIGENTIA LAVDABILITER EXPERTO
AETATIS SVAE ANNO. LXXV.
ET ANNAE MARIAE RESTAGNAE ROMANAE
VIRTVTE ET HONESTATE MERITISSIMAE CONIVGI
AETATIS SVAE ANNOR. LXIII.
IN EODEM MENSE NOVEMBRIS ANNI MDCLXXIII
EX HAC MORTALI VITA EREPTIS
CVM XXXXV. ANNOR. SPATIO SIMVL IN CARNE VNA VIXERINT
IDEO IN OSSIBVS HIC SEPARARI NOLVERVNT

S. Ma-

CLASSIS IX.

20.
S. Mariae Tranſpontinae.
Humi.

D. O. M.

BERNARDO LERIA HIERONYMI F. IOHANNIS BAP.
PATRICII VERCELLENSIS N. FERDINANDO III. IMP.
IN LEGIONE MONTEVERGVICAE COHORTIS DVCTORI
OB EGREGIA MERITA IN AVSTRIACAM DOMVM
A FERDINANDO CAROLO ARCHIDVCE AD HONOREM
LEGIONARIAE PRAEFECTVRAE EVECTO A. MDCLV.
VIRO INTEGRIS MORIBVS SINCERA PIETATE EXORNATO
ET IN ADVERSA FORTVNA CONSTANTISSIMO QVI
OBIIT DIE XV. IVLII ANNI M. DC. LXXVI.
CLARAE BALESTRAE MATRONAE FIRMANAE
VXORI PRVDENTIA CASTIMONIA INSIGNI. QVAE
OBIIT DIE X. DECEMBRIS ANNI M. DC. LXV.
VICTORIA LERIA FRANCISCI RICCIOLINI NOBILIS
TVDERTINI I. C. SABELLORVM PRINCIPVM ALBANI
CAVSARVM AVDITORIS VXOR PARENTIBVS
DESIDERATISSIMIS MEMORIAE CAVSA POSVIT.

21.
S. Salvatoris in Lauro.
Humi.

D. O. M.
IACOBO FRANCISCO GARRONO
E LIBVRNO IN MONTEFERRATO
INTER NOBILES VRBINI ADSCRIPTO
QVI
IN PELOPONESIACA ALIISQVE EXPEDITIONIBVS
TERRA MARIQVE
SVB INNOCENTIO XJ. ET ALEXANDRO VIII
CONTRA INFIDELES STRENVE DIMICAVIT
AC SVBINDE
INNOCENTIO XII CLEMENTE XI
ET
INNOCENTIO XIII
FELICITER REGNANTE
VARIIS STATIONARIIS MILITVM COPIIS
IN VRBE PRAEFECTVS
NON PLVRA VITAE DISCRIMINA
GLORIOSE SVPERSTES
IN PACE OCCVBVIT
VIII. KAL. FEBR. ANN. SAL. MDCCXXIII
AETAT. SVAE LXV
CAROLVS GVASCVS POSVIT

CLASSIS IX.

22.
S. Bernardi ad Thermas.
Humi.

D. O. M.
CAROLO HENRICO
COMITI SANMARTINO
PEDEMONTANO PATRITIO IPOREDIEN.
ARCHITECTVRÆ PICTVRÆ POESIS
CVLTORI EXIMIO
IN ROMANDIOLA ARMORVM PRÆFECTO
IN VRBE ET CONTRA TVRCAS
MILITVM TRIBVNO
INTER VARIA SANCTÆ SEDIS NEGOTIA
LVSTRIS DECEM EMENSIS
XV. KAL. IVLII MDCCXXVI
ABBAS D. GASPAR ANTONIVS PETRINA
AMICO ET AFFINI
MONACHI HVIVS MONASTERII
BENEMERENTI OPT. POSVERE

23.
S. Mariae ad Martyres.
Ad aram majorem, sub Angeli simulacro, sinistrorsum, in gyro basis.

QVÆ SIGNA ANNO MDCXCVI. EQVES BARTHOLOMÆVS THOMATI
AD ARAM D. IOSEPHI DONVM STATVERAT ANNVENTIBVS
CAROLO, ET PETRO FILIIS, ET VNIVERSA D. IOSEPHI

SOCIETATE, CANONICI HVC TRANSFERRI CVRARVNT IN ELEGANTIOREM FORMAM CAPITVLI ÆRE REDACTA ANNO MDCCXLI.

24.
S. Johannis in Ayno.
Humi.

HIC . SITVS . EST
IOANNES . ANTONIVS . BARATTA
PATRITIVS . TAVRINENSIS
EX . COMITIBVS . SAINT' AGNES
GENTIS . SVAE . POSTREMVS
OLIM . DVX . ET . TRIBVNVS . MILITVM
VICTORIO . AMEDEO . SICILIAE . REGE
SABAVDIAE . DVCE
VIR . BELLICA . VIRTVTE . CONSTANTIA . FIDE
MORVM . SEVERITATE . AC . PIETATE
CONSPICVVS
OBIIT . ROMAE . V . IDVS . DECEMBR. ANNO . MDCCIL.
AETATIS . LXXI.
LEGAVITQVE . PRO . ANIMAE . REMEDIO
IN . EGENORVM . SVBSIDIVM
REM . OMNEM . FAMILIAREM
ORATE . PRO . EO
IACOBVS . VICTORIVS . SS. BASIL. VATIC. CANONICVS
SACELLI . PONTIFICII . DIACONVS
EQVES ;

CLASSIS IX.

EQVES . ORDINIS . SANCTI . STEPHANI . PP. ET . MART.
HERES . FIDVCIARIVS
MEMORIAE . CAVSSA . POSVIT

25.
S. Mariae supra Minervam.
Humi.

D. O. M.
DECIVS SENZASONO DE NVRSIA
PATRITIVS FVLGINAS
EQVES SS. MAVRITII ET LAZZARI
HIC TVMVLARI MANDAVIT
OBIIT ANNO IVBILAEI MDCCL
DIE XX. SEPTEMBRIS
AETATIS SVAE ANNORVM LXXXIII.

26.
In ecclesia B. M. V. Conceptionis Capuccinorum.
Humi.

D. O. M.
ALEXANDRO FELICI GVIDOBONO CAVALCHINI
DERTONENSI S. R. I. BARONI QVI APVD COMITEM
PALATINVM RHENI DOMI MILITIAEQVE NOBILIS
PRIMVS A CVBICVLO CVM ESSET , VNIVERSIQVE
PEDITATVS DVCTOR , MANHEIMY PRAEFECTVS , ET
BELLICI CONSILII PRAESES EXACTA MILITARI AETATE

OM-

INSCRIPT. PEDEMONT.

OMNIA POSTHABVIT, RELIQVAM IN VRBE VT
AGENS SIBI INTENTIVS PIETATEM COLERET
CAROLVS ALBERTVS S. R. E. CARDINALIS EPI. OST. ET VELIT.
S. COLLEGII DECANVS ORDINIS CAPVCCINORVM PATRONVS
FRATRI OPTIMO, ET BENEMERENTI
VIXIT ANN. LXXVI. M. V. D. IX.
OBIIT III. NON. IVL. ANNO MDCCLXV.
ELATVSQVE EST VESTE INDVTVS CAPVCCINORVM
IVSSV SVO

CLASSIS X.

OFFICIA DOMUS PON-TIFICIÆ, ATQUE PRINCIPUM

CLASSIS DECIMA.

1.
S. Mariae de Populo.
Humi.

STEPHANO BONI. . .
NOVARIEN. COM. PAL. R.
D. CAR. PARMEN
MENSAE . . . . . : .
V. A. L. M. V. D. XXV
IVL. MCCCCXLVII

2.
S. Petri in Vinculis.
Humi.

IACOBO BVXIO VIGLEVEN̄
ERVDITIOĪS STVDIIS EMI
NENTISS. SISTI (&c) IIII. PONT.
MAX. FAMILIARI IO. AND.
EP̄I NVPER ALERIEN̄ FRĪ

QVI

INSCRIPT. PEDEMONT.

QVI VIX. ANN. XLV. M. II
D. X. GIRARDVS BVXIVS
FRATRI CARISS. POSVIT
OBIIT ANN. DÑI MCCCCLXXVI
DIE VI. AVGVSTI

3.
SS. Trinitatis in Monte Pincio.
Humi.

D O M
IO ALIMENTO DE NIGRIS
NOVARIEN PAVLI A CAR
RETO CADVRCORVM PRAE
SVLI A SECRETIS AC IOAN
NIS FINARII MARCHIONIS
FRATRIS ALVMNO FIDE
MORVM INTEGRITATE IGE
NIOQ. MIRVM IN MODV
PERSPICACI QVI DVM ANN
CIRCITER L. AGERET MORTE
PRÆVENTVS
OCCVBVIT
MDI
IDIB. DECEMB.

CLASSIS X.

4.
S. Augustini.
In pariete cum protome.

D. O. M.
EMANVELI BALBO SCRIPT.^O APLI
COMITI PALATINO ASTEN.PATRICIO
MORŸ FACILITATE AC VIRTVTIBVS
APVD OMNES GRATIOSO
IOVANES (fic) BATISTA CESARII (fic) PONTIFICI
Q. IVRIS DOCTOR FRATRI BENEME
RENTI POSVIT AÑO M.D.XV
XXIII. APRILIS VIXIT AN. LVI.

5.
S. Mariae in Campo Sancto.
Humi.

D. O. M.
IOANNI MARTINO DE AGAZINIS
NOVARIEN FISCI APLCI FIDELI
TABELARIO ALEXAN ET CAESAR
FILII AMENTISSIMI (sic) ET MARIA VXO
BENE MERITO POSVERVNT QVI V
IX AN. LXIII. M. VI. D. X. OBIIT DIE
XVI. DECEMB. ANN. DNI MDXX

INSCRIPT. PEDEMONT.

6.

S. Auguſtini.

Humi.

D. O. M.
FRANCISCO SOLARIO CO . . NI ET
SCI MARTINI DNO APLICO PRO
THON. REGRI SVPPLI . . . O C . .
. . CO . CA . . · ASTEN. DIGNISSIMO
EX NOBILI M . . . . . AO
. . . . VT . . . .
PA . . . PRORI . . . OMNIBVS
VIRTVTIBVS ASSIDVIS OPERIBV
SQ . . . CORD . . . DECORATO
VIXIT AN. LV. OBIIT XXV
AVGVSTI M.D.XXIII
CAROLVS FR. EIDEM · · ·
BENEMERENTI ET OB FRATERNAM
DILECTIONEM INSTITVIT

7.

S. Laurentii in Damaſo.

Humi.

DEO
HELISAB. BVRSANAE . INSVBRI
IN . QVA . FORTVNAE . BONA
MERITO . CVM . FORTVNA
CERTABANT

GENES-

CLASSIS X.

GENES . BVLTET . MEDIOMATRIX
PONTT. MAXX. PHONASC
CVBICVLAR. ANCH
SCRIPTOR
CONIVGI PERPETVI AMORIS
MEMORIAE
ERGO
P
XVII. XL. FEBR. M.D.XXXVII

8.

S. Mariae supra Minervam.

Humi.

D. O. M.
PHILIPPVS BESSONVS
SABAVDVS SCVTIFER
APLICVS ET ROTE
APOSTOLICE NOTARIVS
OBDORMIT HIC BEATAM
SPEM EXPECTANS
IVLIA BEVILACQVA CONIVX
ET LVDOVICVS PVER GNATVS
VNICVS PIO CONIVGI ET
GENITORI MERENTES POSVERE
VIX. AN. LI. ET OBIIT ANNO SALVTIS
M.D.LIII. DIE XXV. SEPTEMBRIS

9.
S. Mariae in Campo Sancto.
Humi.

MAGDALENE SALVAGE
PEDEMONT. QVE VIXIT
AN. LVI. OBIIT DIE XVI
NOVEMB. MDLVI. NICOLAVS
GRAMONIVS NOVARIEN
SCVT. AP. VIR MOESTISS
BENE MOERENTI SIBI
POSTERISQ. SVIS POSVIT

10.
S. Mariae de Aracoeli.
Humi.

D O M
GEORGIO PALLEANO CIVI
CASALEN. DVCIS ORATII
FARNESII A SECRETIS VIRO
OMNI VIRTVTVM GENERE
CVMVLATO
FLAMINIA MARGANA
EXECVTRIX TESTAMENTI
POSVIT VIXI ANNOS
LX OBIIT. XXIX
DECEMBRIS. M. D. LVI

CLASSIS X.

11.
S. Mariae de Populo.
In clauſtro, ſepulcrum cum protome.

D. O. M.
CHRISTOPHARO . IOANNIS . ASTENSI . PROTH . APCO
QVI . CVM . VITE . PROBITATE . AC . FIDE . MORVMQ
SVAVITATE . OMNES . IN . SVI . AMOREM . ACCENDISSET
TVM . APVD . MAXX. PONTT. LONGA . SERIE . A . PAVLO
III. VSQ. AD . PIVM IIII. FAMILIARITER . ET . HONORI
FICE . VERSATVS . SABAVDIENSIVM . MONTISQ. FER
RATI . REGVLOS . CONTINVIS . OBSEQVIIS . PROSECV
TVS . FVERIT . VTI . VBIQ. SVMMA . SEMPER . OMNIVM
BENEVOLENTIA . VIXIT . ITA . EORVMDEM . PARI . DESI
DERIO . ROME . SENEX . SVPRA . OCTVAGESIMVM
II . OBIIT
ALOYSIVS . PROVANA . DE . CARIGNANO . HERES . EX
TESTAMENTO . MESTISS. POSVIT . M. D. LXV.

12.
S. Mariae de Campo Sanéto.
Humi.

D. O. M.
IOVANES (ſic) BATISTA
BOCO NOVARENSIS

INSCRIPT. PEDEMONT.

MACIERE DE
PAVLVS PAPE III
ET VISSE SINE AD
PIVS V MDLXVI ....

13.
S. Petri in Monte Aureo.
Humi.

D. O. M.
IVLIO . POGIANO . NOVARIEN.
HONESTIS . MORIB
INGENIO . ET . ELOQVENTIA
PRAESTANTI
PONTIFICVM . MAXX
PIORVM IIII. ET V
AB EPISTOLIS LATINIS
IO. ANTONIVS. ET. BARTHOLOMÆVS
FRATRI . CARISS. FECERVNT
VIXIT . A. XLVI. M. I. D. XXIII
DECESSIT . NON. NOVEMB. S. (&c) D. LXVIII

14.
Ibidem.
Humi.

D O M
AMADEO STOPERIO A
MONTEREGALI PII V
PAPAE SANCTISS SVB
CVBICVLARIO A CERVO

CLASSIS X.

CICVRE DVM AMATAM
CERVAM IN SEQVITVR IN
VIVARIO PALATINO INTE
REMPTO NICOLAVS STOP
AB EODEM PIO HONO
RIB. ET MVNERIB. AVCTVS
FRATRI OB MORVM SVA
VITATEM OMNIB. GRATO
P. ANNO AB ORBE REDEM
PTO MDLXX. MENSE
IAN. VIXIT ANN. XXVIII
ET IN NOVISS. DIE DE
TERRA RESVRRECTV
RVS SVM

15.
SS. Trinitatis in Monte Pincio.
Humi.

D O M

M. ANTONII CAETI DE CHERIO AGR
TAVRINEN. OLIM SVMMI PONT. PII
V. FAMILIARIS SEPVLCHRVM RELI
GIOSI HVIVS BASILICÆ POST FVNV
EXPLETVM EX ANIMI EIVS SENTEN
TIA TABVLA DEMVM CLAVSERE
VBERTO FONTANA AC IO. PAVLO
MAYNO PROCVRANTIBVS QVORVM

HÆC

CLASSIS X.

PRAESTANTI QVI VIXIT
AN. L. OBIIT PRIDIE
KAL. OCTOB. MDLXX.
VICTORIA VALLETTA
R. CONIVGI CARISS. MVL
TIS CVM LACRIMIS
P.

17.
S. Mariae fupra Minervam.

Humi.

D. O. M.
MATTHAEO ANNIBALDO
LVDOVICI F. VALENT. INSVBRI
I. C. ACVTISS. CAVSSAR. PATRONO
ACERRIMO SOLLERTIQ.
OB MIRAM MORVM PRAESTANTIAM
SVMMAMQ. IN REBVS AGENDIS
DEXTERITATEM
ARCHANG. BLANCO CARD
THEANEN. EGREGIE CARO
MAXIMISQ. ONERIB. ET HONORIB
APVD EVMDEM FVNCTO
QVI DVM ALIORVM COMMODIS
PLVS NIMIO GAVDENS PARVM SIBI
VALETVDINIQ. CAVET ANNVM
AGENS XLI. REPENTI MORBO
DECVBVIT ET OCCVBVIT
LAETVS QVOD LAETAS IN PIORVM
SEDES ABIRET X. KAL. APRIL.
M. D. LXXIII.

O   VIN.

INSCRIPT. PEDEMONT.

VINCENTIVS I. C. ET IAC. BERNARD.
FRATRI B. D. S. M. FECERVNT

BEATI MORTVI QVI IN DOMINO
MORIVNTVR

18.
S. Mariae de Populo.
In clauſtri pariete.

D O M
ALOYSIO PROVANA E DOMO
CARINIANO NATIONE
SVBALPINO CIVI ROMANO
A CVBICVLO PII IIII. P. M.
VIRO PIO NOBILI PROBO
INDVSTRIO CHRISTOPHO^S
M. ANT.^{S} ET FRAN. PATRI
HIERONYMA CONIVGI
GEORGIVS FRATRI FEC
VIX. ANNIS XLIX
OBIIT DIE XXIIX. OCTOB
MDLXXIV

19.
S. Gregorii in clivo Scauri.
Humi.

D. O. M.
BERNARDO TETTIO BVG
ELLANO VERCELLEN DIOEC
FEL RE PAVLI ET IVLII III

CLASSIS X.

MARCELLI II PAVLI ET PII IIII
PII V ET S. D. N. GREG. XIII
ARMORVM SERVIENTIS
MAIORIS RIPAE
PRAES ET PORTIONAR
OFF LAVDABILITER
FVNCTO
THOMAS ET IO
TETII NEPO
HEREDES PA
POSVERE OB
MDLXXXII
XXVIII ET M

20.

S. Mariae in Vallicella.
Humi.

D. T. O. M.
BERNARDINO . CASTELLANO . GREG. XV. P. O. M.
INTIMO . CVBICVLARIO . AC . MEDICO
OB . EXACTAM . IN CVRANDIS . AEGRIS . SOLERTIAM . AC . IN
SINGVLOS . NOTAM . PIETATEM
PRINCIPI . AC . OMNIBVS . ORDINIBVS . CHARO
IO. ANDREAS . CASTELIANVS (sic) VTR. SIG. REF. FRATRI
CVM . QVO . SEMPER . CONCORDISSIME . VIXIT
SIBI . AC . POSTERIS . MOERENS . P.
OBIIT . DIE . XVII. APR. ANN. DNI . MDCXXIII
AETATIS . SVAE . LXIII .

21.

SS. Cosmae & Damiani in Foro Boario.
In cryptis, in pariete.

D. O. M.

BARTHOLOMÆVS SEVA NICIENSIS SCRIPTOR APOSTOLICOR. DE-
CANVS NON

MINVS SPIRANS QVAM EXPIRANS SVÆ SALVTIS MEMOR POST

OBITVM INSTITVTÆ HÆREDIS CVIVS INTERIM CONIVGALI
AMORE

FRETVS ADMOD. R. R. P. P. HVIVS ECCLESIÆ SCVTA MILLE.
IN. TOT

LOCIS MONTIVM VRSINOR. TERTIÆ ERECTIONIS LEGAVIT HAC
TAMEN

LEGE VT SVPER ALTARE PRIVILEGIATO MISSAM QVOTIDIA-
NAM DEFVN

CTO_Ꝛ ET ANNIVERSARIVM SOLEMNE IN SVÆ IPSIVS ANIMÆ
SVFFRA

GIVM IMPERPETVVM CELEBRENT. CELEBRARIQ. CVRENT
QVIBVS

HVIVSMODI LEGATVM RECVSANTIBVS INIVNCTVMVE ONVS
ADIMPL.

ERE NEGLIGENTIBVS AD HOSPITALE INFIRMORVM B. V. M.
CONSOLAT

IONIS HOSPITALE CONVALESCENTIVM . SS. TRINITATIS AD
FONTEM

AIX-

CLASSIS X.

SIXTVM ET AD MONASTERIVM B. M. V. DE PACE VRBIS QVO-
RVM

ALTERO DEFICIENTE VNI POST ALTERVM SVCCESSIVE EODEM
MODO

ET FORMA IPSO IVRE DEVOLVATVR ET VT LATIVS CON-
STAT EX

TESTAMENTO ROGATO PER D. ALEX. PALLADIVM CVR. CAP.
NOTVM

DIE V. MAR. MDCXXVI

D. FRANCISCA TAVRELLA VIVI NEDVM AT MORTVI QVO-
QVE CONIV

GIS MANDATIS OBSEQVIVM PRÆSTANS ANTE PREFIXVM TEM-
PVS

LAPIDEM HVNC INSERENDVM CVRAVIT

22.
S. Mariae de Victoria.
Humi.

D. O. M.
ANGELO LVCATELLO DE MODIO
MEDIOLANEN. CANONICO TORTONEN
SIXTI V. P. M. FAMILIARI
VIRO OMNI DOCTRINÆ GENERE
PRÆSTANTI
HVIVS ECCLIÆ BENEMERITO
CBNT VIII. IDVS OCTOBRIS ANNO
MDCXXVI

23.
S. Sabinae.
Humi.

D. O. M.
IOANNI BONÆ ASTENSI
VIRO NOBILI
QVI CVM PER ANNOS XXV
HIERONYMO BERNERIO ORD. PRÆD
S. R. E. EPISC. CARD. PORTVENSI
ASCVLANO NVNCVPATO PRÆSVLI
VIRTVTVM OMNIVM LAVDIBVS
CVMVLATISSIMO DEQ. CHRISTIANA REP.
EGREGIE MERITO
A CVBICVLO FVISSET
EO DEINDE EX HVMANIS EREPTO
INQ. HOC SACELLO CONDITO
SEPVLCHRVM HIC SIBI LOCARI IVSSIT
VT QVEM SINGVLARI OBSERVANTIA
FIDE AFFECTV
PROSECVTVS FVERAT VIVENTEM
AB EO POST OBITVM NON DIVELLERET
OBIIT XXVII. IVNII
VIXIT A LXVI
MEN X DIES VII
MDCXXX

CLASSIS X.

24.
S. Caroli de Vialata.
Humi.

D. O. M.
IVLIO . CÆSARI . FERRERIO
E . NITIA . MONTIS . FERRATI
OLIM . F. R. PAVLI . PP. V. GREG. XV. VRBANI . VIII
AC , DEMVM . S. D. N. INNOCENTII . PP. X
FAMILIARI
HVIVS . SAC. ÆDIS . BENEMERITO
VINCENTIVS . ROSEVS . HERES . HONORARIVS
AMICO . ET . CONCIVI . OPTIMO
SEP. POSVIT . ET ; SIBI . OBIIT . ILLE
ANNNO . IVBILEI . MDCL. VII. ID. IVLII
ÆTATIS . ANNO . LXXVII

25.
S. Caroli Catinariorum.
Humi.

D. O. M.
COMITI OCTAVIO TORNIELLO
QVI EX PATRIO NOVARIAE LARE
AD COMMVNEM PATRIAM TRANSLATVS

RO-

ROMAE BONO IN LVMINE
MVLTIS VIRTVTIBVS CLARVIT
A CARD. SCIP. BVRGHESIO
PAVLI V NEPOTE EXCEPTVS
INTER FASTVS REGNANTIS PONTIFICIS
DIV VERSATVS D. PETRI BASILICAE
CANONICVS CREATVS EST
OPTIME DE HOC COLLEGIO MERITO
PATRES HOC MON POS
AB AN. IVB MDCL
AET. SVAE LXIII

26.
S. Symeonis Prophetae.

Humi.

D. O. M.
IOANNES CAPVA DE ROVATTO DIÆC ASTEN
POST ANN. LXXIX ÆTATIS
ET XXXXIX SERVITVTIS
CLARÆ MEM. CARDINALI
HORATIO LANCELLOTTO

CLASSIS X.

HVIVS ECCLESIÆ RESTAVRATORI
ET RELIQVÆ EIVS ILLMÆ FAMILIÆ
FIDELITER PRÆSTITÆ
RELICTIS EIDEM ECCLESIÆ
DVOBVS LOCIS MONTIS FLORI
PRO SACRIS PERPETVO CELEBRANDIS
HIC SIBI VIVENS POSVIT MONVMENTVM
ANNO D. MDCLXII

27.
SS. Celsi & Juliani.
Sepulcrum cum protome.

D · O · M
IOANNI BISSAIGHE A CREPACORIO VERCELLENSI
CVIVS EXIMIA
VITÆ PROBITAS MORVM HONESTAS, DOCTRINÆQVE PRÆ-
STANTIA
SVMMIS PONTIFICIBVS
ALEX. VII. CLEMENTI IX. ET X. AC ALEXANDRO VIII.
INTIMVM PROBATÆ FIDEI CAPPELLANVM
SECRETOQVE SEDIS APOST. ARCHIVIO
PRÆFECTVM INTEGERRIMVM
PRÆBVERVNT

P   CARO-

CAROLVS BISSAIGHA FRATER ET EX TESTAMENTO HÆRES
QVIA IN HAC ECCLESIA ILLE
ANNIS SEPTEM SVPRA VIGINTI CANONICVS EXTITIT
LICET IN DIVÆ SVSANNÆ TEMPLO
EIVS OSSA RESVRRECTIONEM EXPECTENT
NON SINE LACRYMIS EXTRVCTVM
MARMOREVM POSVIT MONVMENTVM
OBIIT VIII. IDVS OCTOBRIS A. D. MDCXCI
AETATIS SVÆ ANN. LXXXII.

28.
S. Nicolai, & Blasii de Calcarariis.
Humi.

D. O. M.
JOSEPHO IGNATIO CORDERO
EX COMITIBVS PAMPARATI ET ROBVRETI
MONTE REGALI IN SVBALPINIS ORTO
QVEM CLEMENS XI. PONTIFEX MAXIMVS
PATRIARCHÆ POSTEA CARDINALIS DE TOVRNON
APOSTOLICI AD SINARVM IMPERIVM LEGATI
ITINERIS AC LABORVM SOCIVM DIXIT
POST NAVATAM IN EADEM LEGATIONE
INVICTA ANIMI FORTITVDINE
PRO

CLASSIS X.

PRO CHRISTIANA ET CATHOLICA RELIGIONE
SEDVLAM STRENVAMQVE OPERAM
A CLEMENTE XII. SVMMO PONTIFICE
INTER AVLÆ PONTIFICIÆ PRÆLATOS ALLECTO
A. D. MDCCXXX VITA FVNCTO
ÆTATIS SVÆ LXXV. COMES FELIX CORDERVS
FRATRIS FILIVS ET HÆRES P. C.
A. D. MDCCXXXXI

29.
SS. Quirici, & Julittae.
Humi.

D. O. M.
ILL.^{MI} AC R$\overline{M}$I D. D. IOSEPHI PHILIPPI SALA
PATRITII CASALIS MONTISFERRATI
SAC. THEOL. AC I. V. D.
CONGREG. ORAT. S. PHILIPPI NERII IN PATRIA ALVM
AC
S. INQVISITIONIS CONSVLTORIS
EMPORII IN ÆTRVRIA PRÆPOSITI MERITIS[I]
SVMMORVMQVE TRIVM PONTIFICVM
BENED. XIII. CLEMENTIS XII. AC BENED. XIV.
AB HONORIS CVBICVLO

ANTE HANC ARAM
QVAM VIVENS IN VOTIS HABVIT
MORIENSQVE HEREDEM INSTITVIT
SACRO SVPER EAM QVOTIDIE PERACTO
OSSA REQVIESCVNT
VIXIT AN. LXXIX. MENSES VII. DIES VIII.
OB. VI. ID. FEBR. CIƆIƆCCXXXXIII.

FF. ORD. PRÆD. HVIVS PAROCH. ECCLÆ RECTORES
AC EIVS PIÆ VOLVNTATIS EX TABVLIS EXEQVVTORES
G. A. E. P. C.

CLASSIS XI.

MEDICI

CLASSIS UNDECIMA.

1.

SS. Trinitatis in Monte Pincio.
Humi.

D. O. M.
FRAN.^{CO} OGERIO
TAVRINENSI ARTIVM
MEDICINÆ ET
CHIRVRGIÆ DOCTORI
VIXIT AN SVPRA L
OBIIT XXVIII SEPT
M.D.XCIIII
GRIDONIA BELCARIA
RO. MARITO SVO ET
SIBI APPONI IVSSIT

2.

SS. Sudarii.
Humi.

D. O. M.
PHILIBERTO BOCCO TAVRINEN. L V. D. SALVTIOLÆ COMITI

IO.

IO. ANT. SER.^{MI} SABANDIE (&c) DVCIS PROTOMEDICI
AC CONSILIARII FILIO
QVI LEGES MORIBVS LEGIBVS PIETATEM EXCOLVIT
EXCITAM (&c) POPVLI SVI SODALITATEM
EXEMPLO AVXIT ET NVMERO
DILECTI CELEBRITATEM LOCI BENEFICENTIA PROVOCAVIT
VIDIT ET GAVISVS IN DOMINO
REQVIEVIT
SODALES SEPVLCRO DEPOSITVM QVOD ILLATVM EST PRIMVM
MEMORIAM TITVLO OBSIGNARVNT
OPTIME MERITO
VIX. ANN. XXXX. OB. XXIIII. APRILIS M.DC.VI.

3.
S. Mariae de Planctu.
Humi.

D. V. T.
IN SECANDIS DEFVNCTIS
ARTE ANOTHOMICA PERITVS
IN MEDENDIS VIVENTIBVS
SINGVLARI EXEMPLO ERVDITVS
BLASIVS BLENGINVS PEDEMONTANVS
CHIRVRGVS Γ VRBE

ECCLE-

CLASSIS XI.

ECCLESIASTICIS SINGVLARIBVSQ. (&c)
PRINCIPIBVS CARVS
CLEMENTI NONO SVMMO PONTIFICI
SERVIENS NIL NISI QVOD LICEAT OPTANS
E SCHELETRORVM NECESSITVDINE
ALIORV̄ EDOCTVS SVI SVORVMQVE
SCHELETRORVM DEPOSITA VIVENS
SACRA HAC IN ACADEMIA
VERMIBVS OBIECTA SVBIECIT
ANNO DOMINI M.DCLXXIX.

Circum Stemma.

NIL NISI QVOD LICEAT OPTANS

4.

S. Nicolai de Archionibus.

Humi.

D. O. M.
SERAPHINÆ MEOTTI
GASPAR IOSEPH RASETTI
DOCT. PHIS. TAVRINEN. VXORI
QVÆ SVI ÆQVE AC SVORVM MEMOR
QVOTIDIANO SACRO FACIVNDO
PRO IPSIVS EORVMQVE
EXPIATIONE ANIMARVM

SCV-

INSCRIPT. PEDEMONT.

SCVTORVM BIS MILLE
FVNDO CONSTITVTO
VT PER ACTA SIMONETTI
CVR. CAP. NOT.
DE MENSE IVNII
MDCCXXVII
FRAN. BENED. GERARDINVS NEPOS
BENEMERENTI POSVIT
OBIIT XX. NOVEMBRIS
ANNO ÆTATIS SVÆ LXIX
AB ORBE REDEMPTO
MDCCXXVIII

CLASSIS XII.

LIBERALIUM ARTIUM PROFESSORES

CLASSIS DUODECIMA,

1.
S. Mariae ad Martyres.
Sepulcrum cum prosome.

D. O. M.
BARTHOLOMEO BARONINO CASALEN
MONTISFERRATI ARCHITECTO CELEBER
RIMO IMPIA MORTE PREVENTO ANNO
ETATIS SVE XLIII DIE VI SEPTEMB
M.D.LIIII
BARTHOLOMEVS ET IO. FRANCISCVS
FRATRES POSVERVNT

2.
S. Mariae Transpontinae.
Humi.

D. O. M.
IO. BAPTAE CALANDRAE VERCELLEN.
MVSIVORVM EMBLEMATVM
OPIFICI PRÆSTANTISSIMO
ROM. PICTORVM ACADEMIÆ
PRINCIPI

Q　　　　　QVI

INSCRIPT. PEDEMONT.

QVI ANNOS XL. CIRCITER
VATICANAM BASILICAM
OPERIBVS SVIS DECORAVIT
FVLVIA PARIS
INCONSOLABILIS VXOR
NE DIV AB EO QVEM DILEXIT
SEIVNGERETVR
VIRO PRÆMORTVO SIDIQ. P.
OBIIT XXVII OCTOBRIS
ANNO DOMINI M.DC.XLIV.
ÆT. SVÆ LVIII.

CLASSIS XIII.

IN PIA LOCA LARGITORES

CLASSIS DECIMATERTIA.

1.

S. Cofmatis in regione Tranftyberina.
Humi, cum imagine delineata.

MARGARITA THOMÆ MALETHI PATRITIA
VERCELLEN AMISSO IN VREIS DIREPTION
CONIVGE RELIQVM VITE SVE IN DEI
TIMORE CARITATE ET ELEMOSINIS
DVCENS ALTARE HOC CVM ANNVALI
RESPONSIONE ERIGI CVRAVIT VT
TERESTEM (&c) TRIONPHV̄ (&c) IN CELESTEM
CONMVTARET AÑO ETATIS SVE
XXXIII DIE XVIIII DECĒBRIS M. D. XXXVIII
OBIT (&c)

2.

S. Jofephi Lignariorum.
In pariete.

D. O. M.
DEIPARÆ . VGINI (&c) EIVSQ. SPONSO ; IOSEPH . TĒPLV
DICATV̄

ARCHICONFRATERNITAS . A . FABRIS . LIGNARII . KAL. MAII
M . D . XL. INSTITVTA . ET . FVNDATA
FVNDATORVM . NOMINA

ANTONIVS . MANZOLVS . FLORENTINVS
ANTONIVS . DE . CASTELLO . BONONIENSIS
ALBERTVS . DE . ABBATIS . PISANVS
ANTONIVS . VENTVRINVS . VENETVS
ALBERTVS . IANVENSIS
ANGELVS . VALLE . FLORENTINVS
BARTHOLOMEVS . DE . SPINIS . VERCELLENSIS
BENEDICTVS . NICOLAVS . FLORENTINVS
BARTHOLOMEVS . MEDIOLANENSIS
CASCIANVS . DE . FONTANELLA
CHRISTOPHORVS . DE . VIGEVANO
COSIMVS . SEDIARIVS
FRANCISCVS . HIERONIMI . DE . VERSA
FRANCISCVS . IOANIS . PORCELANA
HIERONIMVS . BONONIENSIS
IOANNES . DE . PONTE . NEAPOLITANVS
IOANNES . SARMENTI . FLORENTINVS
IOANNES . PETRVS . DE . FOCLIATIS . BRIXIENSIS
IOANNES . ALIAS . IL . BOLOGNA
LVDOVICVS . BONARDVS . GALLVS
LAVRENTIVS . DE . ANTIGNATA
MICHAEL . MOMIA . LVCENSIS
MICHAEL . MARTINILVS . PISTORIENSIS
NICOLAVS . MACINELLVS . SARZANENSIS
PETRVS . MARCORELLVS . FLORENTINVS
PAVLVS . IOANNIS . LVCENSIS
STEPHANVS . GALLVS
THOMAS . ANTONELLI . DE . STAMIANO
VINCENTIVS . BONONIENSIS
ZACARIAS . FLORENTINVS

S. M1.

CLASSIS XIII.

3.
S. Mariae de Horto.
Humi.

D. O. M.
IOANI ALS SPAGNOLO DE
ALBORIO VERCELLEN
ET FRANCISCO DE CARLE
ROMAGNANO NOVARIEN
SOCIIS ET SALSAMENTARIIS
OB INSTITVTAM VNIVER
SALEM HEREDEM SOCIETATE
S^{TE}MARIE DE HORTO SOCII
ET CONFRATRES OPTIMIS
ET BENEFACTORIBVS PIIS
PIE POSVERE
D. IOANES ANDREA DE
CAVALERIS ROMĀVS
D. BINVS CRESPIATIS
ROMANVS
D. IACOBVS DE MVLIARĀ
ROMANVS
D. ALEXANDER RAVONIS
DE VERCELLIS
SOCIETATIS CVSTODES
D. LVCA BARTOLI
CAMERARIVS
PONI CVRARVNT OBIIT
DIE XIII MAII MDLXCI (&c.)

4.
S. Augustini.
Humi.

D. O. M.
EVSEBIO . DE . MARCHIS . VERCELLEN. VIRO
INTEGRITATE . PIETATE . RELIGIONE . ET
PRVDENTIA . PRÆSTANTI
QVI . DOTE . CONSTITVTA . VT . EIVS . ET . SVOR
ANIMÆ . BIS . QVOLIBET . DIE . A . SACERDOTIBVS
HVIVS . ÆDIS . RE . DIVINA . EXPIENTVR . OBIIT
X. DECEMB. M. D. LXX. VIXIT . ANN. CIRC. LXXV.
IOANNES . DE . MARCHIS . PATRVO . BENEMER
MOESTISS. POSVIT

5.
S. Gregorii in clivo Scauri.
Humi.

D. O. M.
PETRVS FORESTA
GEBENES QVI ALTARE
MAIVS HVIVS
ECCLESIAE DOTAVIT
SIBI ET D. MAGDALENE
STAMPE ROMANE SVE
CONIVGI VIVENS
MONVMENTVM HOC
POSVIT ANN. MDLXXIX

CLASSIS XIII.

6.
SS. Celsi & Juliani in regione Pontis.
In pariete.

PETRVS FORESTA VEN.^LI SOC.^TI S.^MI SACRTI ET NOIS DEI HVIVS ECC.^E QVINQ ALLVMERIARᵬ MONTIS LOCA P.^O ELEMOS.^A ASSIGNAVIT VT SINGVLIS DIEB' AB EIVS OBITV COMPVTAN. TENEAT P.^O IPSIVS PETRI FORESTE AC MAGDALENE STAMPE CONIVGIS OIVMQ. DEFVNCTOᵬ SALVTE MISSAM VNAM CELEBRARI FACERE CVM DEVOL.^E EORVND. AD HOSP.^LE S.^ME TRINITATIS CONVALESCEN. DE VRBE CVM PRECITATO ONERE. SI A PREMISSIS DEFECE RIT. QVOD PVB. ACT. D. FRAN.^CI BACOLETTI NOT. A. C. CAVTVM EST DIE XXIII. AVGVSTI
M.D.LXXXII.

6.
SS. Trinitatis Peregrinorum.
In pariete.

PETRO FORESTAE
QVI TESTATVS EST AMOREM
ERGA ARCHITEM SS.^ME TRINITATIS
DONANDO LOCA OCTO ALVMERIARVM
CVM ONERE CELEBRANDI SACRVM QVOLIBET DIE
ET

INSCRIPT. PEDEMONT.

ET SEX ANNIVERSARIA SINGVLIS ANNIS
ARCHITAS TESTATVR GRATITVDINEM
HOC MONVMENTO

8.

In ecclesia SS. Nominis Jesu de Vialata.
In chori pariete.

D. O. M.
JACOBVS SELLA PEDEMON
ALTARE HOC EXORNAVIT
PERPETVO CESV DOTAVIT
VT IBIDEM DVÆ MISSÆ
SINGVLIS HEBDOMADIS
ET DVO ANNIVERSARIA
CELEBRENTVR
LOCV̄ SEPVLTVRÆ SIBI POSQ^s
SVIS ELEGIT
ANN. D. M. D. XCIX.

9.

S. Mariae Transpontinae.
Humi.

ANNIBALIS . PETRA . SANCTÆ . A . RIPALTA . AQVEN
DIOEC. BASILICAE . S. PETRI . MVSICI . AC . DECANI
OSSA . QVI . ECCLESIAE . HVIC . PRO . ANIMA
SVA . FAVSTINAEQ. VXORIS . AC . POSTEROR
SCV-

CLASSIS XIII.

SCVTA . CENTVM . LEGAVIT . VT
SINGVLIS . HEBDOMADIS . SACRVM . FIAT
VIXIT . ANN. LVII. OBIIT . XIII. CAL. AVG.
M. D. IC

10.
S. Mariae de Horto.
Humi.

D. O. M.
BARTOLOMEVM PERSINARIVM
DE PRATO NOVARIEN DIOECESS (&c)
SALSAMENTARIVM
BEAT. MARIAE VIRGINIS DE HORTO
DEVOTISSIMVM
ET CONFRATERNITATIS
BENEMERITVM CVSTODES
ET CAMERARIVS EX LEGATO
DEPONI CVRARVNT
G. LAVRENTIVS CASVLA
AVGVSTINVS DE IVDICIBVS
PAVLVS MALGARINVS
LVCIANVS DE SANCTIS
IOANNES CAVALLOTTVS
CVSTODES
RICCARDVS APPIANVS CAMERAR
ANNO SALVTIS MDCIIII

INSCRIPT. PEDEMONT.

11.
S. Laurentii in Miranda.
In pariete.

D. O. M.
BERNARDVS . SBVRLATVS . CIVIS . ASTENSIS
AROMATARIVS . IN . VRBE . CENTVM . HVIC . ECCL
AVREOS . DONAVIT . VT . PERPETVO . ANNIS
SINGVLIS . SACRVM . IN . HONOREM . SPIRITVS
SANCTI . PRIMO . QVOLIBET . DIE . DOMINICO
MENSIS . IANVARII . FIERET . VT . APPARET
IN . ACTIS . PVBLICIS . COLLEGII . PHARMA
COPOLARVM . ANNO . DOMINI . M.DCV

12.
SS. Trinitatis Peregrinorum.
In pariete.

INDIVIDVÆ TRINITATI
BEATAE VIRGINI ANNVNTIATÆ
ET SANCTO IVLIO
IVLIVS MAFFIOLVS HORTENSIS
NOVAR. DIOCESIS
HEREDIBVS SVIS RESERVATA
POTESTATE PERPETVO
ELI-

CLASSIS XIII.

ELIGENDI SACERDOTEM
PRO QVOTIDIANA MISSA
ET CONSTITVTA DOTE
SACELLVM HOC EXORNAVIT
ANNO MDCXII

13.
S. Mariae in Vallicella.
In sacello SS. Regum Magorum.

PONTIVS CEVA NICIENSIS
VIVENS SACELLVM ORNAVIT DOTAVIT
SEPVLCRVMQVE SIBI POSTERISQVE SVIS ELEGIT
ANNO DOMINI MDLXXVIII
OBIIT ANNO MDCXVIII AETATIS SVAE
LXXXII
PONTIVS CEVA IVNIOR
EIVS PRONEPOS ATQVE HAERES OPVS INCHOATVM
EX VOLVNTATE TESTATORIS ABSOLVIT
ANNO DOMINI MDCXVIIII

14.
S. Agathae in regione Transtyberina.
Humi.

D. O. M.
R. D. IO. ALCIATVS . DE . LABRIANO

CASA-

INSCRIPT. PEDEMONT.

CASALEN. DIOEC. LEGAVIT . RR. PRIB
CONG. DOCTR. CHRIST. ECCL. S. AGATHE
IN . QVA EST . SEPVLTVS . ANNVVM
CENSVM . SCVTORVM . L. CVM . ONERE
CELEBRANDI . TRES . MISSAS . SINGVLIS
HEBDOM. IN . PERPET. VT . IN . EIVS
TESTAM̄O . ROGATO . PER . D. DEMOFONTEM
FERRINVM . NOT. PVBL. SVB . DIE . XXI
APL̄IS . M.D.C.XXIII. OB. XXII. IVL.
EIVSDEM . ANNI . AETAT. SVAE . LXXXIII

15.
S. Mariae de Horto.
Humi.

D. O. M.
BARTHOLOMEVM FVRGOTTVM
DE PRATO NOVARIEN. ROM. CIVEM
TANTVS AMOR IN VICTORIAM DE SANCTIS
CONIVGEM IMPVLIT
VT PIETATEM ATTIGERIT
QVA DVCTVS VENIA
AB VRBANO VIII. PONT. PETITĀ
DEIPARAM VIRGINEM
DIVOS IACOBVM ET BALTHOLOMEVM
APOSTOLOS

CLASSIS XIII

ET VICTORIAM VIRG. ET MARTYREM
PATRONOS IN TERRIS ELEGIT
ILLISQVE SACELLVM HOC DICAVIT
CONSTANTINO CVR. CAP. NOTARIO
DE CONSTITVTA DOTE ROGATO
IIII KAL. OCTOBRIS MDCXXX
NACTVS A MODICO HOC HONORARIO
EORVM CONSORTIVM CONSECVTVRVS
QVOD IN COELIS EST

16.
S. Mariae in Vialata.
In pariete cum aenea protome.

D. O. M.
IO. BAPTISTAE . DE . ASTE
SELVAGGI . DE . ASTE . ET . ANNAE . LENGVELIAE F.
NOBILIS . ALBIGANEN. CIVITATIS . ACERNAE
BARONI . HVIVS . SACELLI . FVNDATORI
VIRO . EGREGIO . PIO . ERGA . DEI . MATREM
CVIVS . IN . CONCEPTIONE . NATVS
IN . PVRIFICATIONE . DENATVS . EST
ANN. DOM. MDCXXXIIII. AET. SVAE . LXXIIII
FRANCISCVS . BONAVENTVRA . DE . ASTE . F.
EQVES .

EQVES . S. IACOBI . ET MAVRITIVS
DE . ASTE . NEPOS . ET . HEREDES
PATRI . AVOQ. BENEMER. POSS.
ANNO . DOM. MDCXLIII

17.
S. Caroli in Vialata.
Humi.

D. O. M.
FRANCISCVS SODANVS DE GATTINARIA VERCELLAR.
SPECTATÆ TEMPERANTIÆ ET CHARITATIS
COMMODA REI FAMILIARIS AVXIT NON SENSIT
NAM SPONTE PAVPER EGENIS OPVLENTVS
HÆREDITATIS HVIC ECCLESIÆ RELICTÆ
ANNVVM FRVCTVM MISERABILIBVS PVELLIS
IN DOTES STATVIT DISCREVITQ
ITA PLVRIVM PATER
PATERNAM DOCVIT SINE FILIIS PIETATEM
TESTATORI BENEMERENTI
CONGREGATIO SECRETA M. P.
ANNO DÑI MDCLXXXII. VIII. IDVS OCTOBRIS

S. Ma˙

CLASSIS XIII.

19.
S. Mariae Lauretanae.
Humi.

D. O. M.
IOANNI BATTISTAE AMADEO
DE MOZZIO NOVARIEN
INTEGERRIMAE FIDEI PISTORI
HVIVS B.^{MAE} VIRGINIS SODALITAT
MVLTIS LARGITIONIBVS
AEQVE PIO AC MVNIFICO
IN AMICOS OFFICIOSO
IN PAVPERES LIBERALI
VITA FVNCTO
XIV IVLY MDCLXXXV
AETATIS VERO LXXX
DOMINICVS ANTONIVS ZAVARESI
TESTAMENTARIVS EXEQVTOR
P. C.

19.
S. Mariae in regione Tranſtyberina.
In ſacrarii pariete.

GABRIELI PRATO ASTENSI
QVOD NOVVM SACELLVM HVC ADAVXIT
IDONEVMQVE PROVENTVM CONSTITVIT
VT SACERDOS
HAC IN BASILICA
ALTERNIS HEBDOMADAE DIEBVS
PIACVLAREM OBLATIONEM FACIAT
SINGVLIS AVTEM IN SACRO ODEO

HO-

HORAS MODVLETVR CANONICAS
AC POST EIVS OBITVM
QVOCVNQVE ANNO VERTENTE
ANNIVERSARIVS DIES
A CANONICIS CELEBRETVR
IIDEM MEMORES POSVERE

10.

S. Rufinae in regione Tranſtyberina.
In ſacrarii pariete.

TABELLA
ONERVM MISSARVM
CELEBRANDARVM IN ECCLESIA
SS. RVFFINÆ, ET SECVNDÆ MART.
PRO ANIMABVS FRANCĪ PHILIPPI
PRATI, ET VXORIS EIVS, POSTEA
SORORIS HIERONYMÆ BIGINI DE
FVNCTÆ DOMI SS. RVFF. ET SECVN.
EX ASSE HÆREDES MONIALES
DVÆ MISSÆ SINGVLIS MENSIB. PRO ANI
MAB. FRAN. PHILIPPI PRATI, VXORISQVE
HIERONYMÆ BIGINI
BIS AÑÑA DE REQ. QĪT ANNO PRO AÑA
EIVSD. HIERONYMÆ DIE IX. AVG.
QĪT ANNO MISSA VNA CANTA DE REQ.
PRO AÑA FRAN. PHILIP. PRATI DIE XXX. SEPT.
IN PERPETVV DE DIE LAMPAS LVCEAT
ANTE ALTARE SS. CRVCIF. IN EAD. ECCLĪA
MISSA VNA P̄PTVA IN ALTARI PRIVIL. IN
ECCLĪA S. FRANCĪ AD RIPAM

ADIE-

ADFECTUS PARENTUM ET FILIORUM

CLASSIS DECIMAQUARTA.

1.

S. Laurentii in Damaso.
Humi.

D. O. M.
IOANNI VNGARINO ABREM. PAPIEN. DIOEC.
VIRO INTEGERRIMO
FRANCISCVS ET ANTONIVS PATRI CARISSIMO
AC SIBI ET SVIS HÆREDIBVS
VIXIT ANN. XC. OBIIT IDVS APRILIS M.DLIX

2.

S. Francisci ad Ripam.
Humi.

D. O. M.
ASCANIO CASTRVCCIO
PEDEMONTANO A MONTE REGALI
MORVM SVAVITATE ET GENERIS
NOBILITATE PRÆCLARO

INSCRIPT. PEDEMONT.

SVMMÆ SPEI ADOLESCENTI
MARGARITA BIGLIONA MATER
INCONSOLABILIS DVLCISS. FILIO
IO. ANT. ALIIQ. FRATRES
MAESTISS. CARISS. FRATRI
IMMATVRA MORTE SVBLATO
POST MVLTAS LACHRIMAS
P. C.
VIXIT AN. XVIII. MEN. VI
DIES XV. OBIIT XII. KAL. DECEMBR
M. D. LXXIII

3.
SS. XII. Apoſtolorum.
Humi.

D O M
IOANNI AMILIO CAPOTIO
ALBENSI FILIO DILECTIS⁰
IO. IAC. ET FRANCISCA
PARENTES CVM LACRIMIS
POSVERE OBIIT DIE XVIII
IANVARII MDLXXIIII
ÆTATIS SVÆ ANNO
XVI MENSE III

4.
S. Mariae Lauretanae.
Humi.

PAVLAE GALDINAE . . . . .
FAESTIVISSIMAE QVAE XVII
AGENS SVAE AETATIS MENSEM
                         OBIIT

CLASSIS XIV.

OBIIT XXIV. AVG. MDLXXV
FRANC. GALDINVS GEORGEI
F. DE S⁰ COLVMBANO AGRI
LAVDENSIS FILIAE DVLCISS
SIBI POSTERISQVE SVIS POSVIT
QVID MORS TAM TENERAM
RAPVISTI SALVA PVELLAM
DELITIAM PATRIS SPEMQ.
METVMQ. SVIS
HEV QVAM TV EXISTIS
MORTALIBVS INVIDA
VT ILLOS
QVOD IVVAT ET PVLCHRVM
NON SVPERESSE SINAS

5.
S. Augustini.
Harmi.

D O M
SIMONI DE GVIDONIS
DE SANCTO GEORGIO
CANAPITIO PEDEMOT
MERCATORI INTEGERRI
MO VIXIT ANNOS LX
OBIIT DIE XIII SEPTEBR
MDLXXIII
ET TARQVINIE FRIZZE
DE ABRVTIO EIVS COIV
GE MORIBVS AC HONESTA
TE SINGVLARI VIXIT AN

NOS LXXIII OBIIT D. XX
OCTOBRIS MDLXXVI
FRANCISCVS ET FRATRES
PARENTIBVS OPTIMIS
POSTERISQVE EORVM
POSVERŨT MDLXXVII
MENSE MARTIO

6.
S. Luciae de Gonfalone.
Humi.

D O M
IACOBO BESSIO TAVRINENSI
VIRO PROBO ET INTEGRO QVI
OBIIT DIE XXIII OCTOBRIS
M. D. LXXX ÆTATIS SVÆ AN
NORVM LX
FRANCISCVS BESSIVS FILVS (fic)
PATRI BENEMERENTI
POSVIT

7.
S. Angeli in foro Piscium.
Humi.

D. O. M.
GVIDONI . IAVELLO . PHARMA
COPOLÆ . EX . OPPIDO . SANCTI
GEORGII . CANEPITII . GALLIÆ CISAL-

CLASSIS XIV.

CISALPINAE . ORIVNDO . VIRO
FRVGI . SVMMAE . INTEGRITATIS
AC . PROBATAE . FIDEI . VIXIT
ANNOS . XLV. OBIIT . IDIBVS
SEPTEMBRIS . ANNO . SALVTIS
M. D. LXXIIII
LVCRETIAE . DE . PALENTIS
. ROMANAE . MVLIERI
HONESTISSIMAE . SPECTATAE
VITAE . AC . RELIGIONIS . VIXIT
ANNOS . LII. OBIIT . NONO
KAL. MAII . M.D.LXXXVII
HORATIVS . IAVELLVS . ET
FRATRES . FILII . MAESTISSIMI
OPTIMIS . PARENTIBVS
SIBIQ. AC . POSTERIS
P. C.

8.
S. Mariae in Vallicella.
In gyro orbicularis lapidis.

PETRO REVILIO EPOREDIENSI PARENTI OPT. FILII MOESTIS-
SIMI SIBIQ. POSS. ANNO DNI M.D.LXXXVIII.

9.
Ibidem.
Ut supra.

IACOBO AGAZINO NOVAR. DE AMENO FILII ET HEREDES P.
A. S. M. D. LXXXVIII.

10.

SS. Trinitatis Peregrinorum.
Humi.

D. O. M.
IOANNI PAVLO NEPO PRÆDARIENSI
DIOECESIS NOVARIÆ VIRO SANE PROBO
E COELO INSIGNI FIDE PIETATE ATQ.
PRVDENTIA ORNATO QVI DVM ANNVM
SEXAGESIMVM PRIMVM SVÆ ÆTATIS
AGERET EX HVMANIS AD MELIOREM
VITAM SVAVI SOPORE EREPTVS EST
DIE V. SEPTEMBRIS MDCXXVI
SIMON IO. BAPTA IOSEPH FILII
PARENTI OPTIMO MOERENTES POSVERE

11.

S. Laurentii in Damaso.
Humi.

D. O. M.
ANTONIO SECVNDINO PEDEMONTANO IN VRBE
MERCATORI INTEGERRIMO VITÆ PROBITATE VRBE
DONATO SEPTVAGINTA DVOBVS ÆTATIS SVÆ ANNIS
XXX. DECEMBRIS M. DC. XXX. OBEVNTI CÆCILIA

ET

CLASSIS XIV.

ET HIPPOLITA FILIÆ ET HÆREDES PARENTI AMAN
TISSIMO SIBI POSTERISQVE SVIS MONVMENTVM
HOC ANNO D. M. DC. XXXII. NON SINE LACRIMIS
CVRANT.

12.
S. Mariae in regione Tranſtyberina.
Humi.

DE TRINO VNI
ET
IOANNI ANTONIO PRATO.
ROMANO
FILIOLO PRIMARIO
QVI IN IPSO AETATIS . . . .
. . . . N
: . . D . . . : PR. . . . .
. . . . NAS
IPSI
GABRIEL PRATVS ASTENSIS
HIC
ANIMO IAM SEPVLTVS
CORPORE MOX TVMVLANDVS
MONVMENTVM POSVIT
AN. NOSTRÆ SAL. MDCXXIII
SVI DOLORIS EXTREMO
. .
. .
.

S. Ma-

13.
S. Mariae de Horto.
Humi.

D. O. M.
IOANNI BAPTISTAE
TITONIO ROMANIANO
ET EIVS VXORI ANNAE
BLASIVS TITONIVS
EOR FILIVS AMORIS
PATERNI COMPOS
ADHVC VIVENS
MONVMENTVM POSVIT

14.
S. Honuphrii.
Humi:

D. O. M.
PETRVS A. BV. . . . . .
E VERCELL
IMMORTALITATEM . . .
MEDITA . . .
SEPVLCR. . . .
OPTAVIT
LIBERISQ.
D. . :
OBI. : .
FILIO . . .
. . . . .
. . . . .
. . . . .

CLASSIS XV.

ADFECTUS CONJUGUM
CLASSIS DECIMAQUINTA.

I.

S. Petri in Monte Aureo.
Humi.

E. R. S.
NICOLAO BILIO NOVA
RIENSI CONSPICVO
AC PROBO VIRO
MARTIIA (sic) CARLINEA
VXOR CONIVGI
AMANTISS. ET
IO. ANT. AC PAVLVS DE
FASSINIS FRATRES
EXECVT. TESTAM. ET
DOLENTES POSS.
OBIIT SEPTVAGENA
RIVS OCTAVO KL
DECEMBR MDLXXI
EORVM DEINCEPS
PERPETVAM VOLVERE
ESSE VRNAM
DE FASSINIS

T

2.

S. Mariae Lauretanae
Humi.

D O M
PETRVS BORLA PEDEMON
TANVS DE SEPTIMIO
TAVRINEN. OB PIETATEM
IN HONESTISSIMĀ FEMINĀ
ANTONIAM STRAMBAM
EIVS SOCRVM ET IN FILIOS
SVOS OPTIMIS MORIBVS
PREDITOS VITA FVNCTOS
POSVIT ET SIBI SVISQ.
SVCCESSORIBVS PROPRIV̄
LOCVM ELEGIT DIE XXIIII
MARTII M.D.LXXII

3.

S. Mariae de Monferrato.
Humi.

D. O. M.
ALEXANDRO . LONGIO . A . MONTE
REGALI . CIVI . ROMANO . VIRO
INTEGERRIMO . ET . HORATIO
LONGIO. SVMMÆ. PIETATIS . IVVENI
LVCRETIA.BERTONCELLIA. ROMANA

CON-

CLASSIS XV.

CONIVGI . OPTIMO . ET . FILIO
DVLCISSIMO . ET . FILII . PATRI
AC . FRATRI . BENEMERENTIBVS
MOESTISSIMI . POSVERE . VIXERVNT
ALEXANDER . ANNIS . LXV. MEN.
VII. D. XXIIII. HORATIVS . VERO
ANN. XXVI. MEN. VII. D. XXVIII.
OBIERVNT . ANNO . SALVTIS
HVMANAE . MDLXXVII
HORATIVS . DIE . XXIIII. MEN.
MARTII . ALEXANDER . VERO
DIE . XXVI. MEN. IVLII

✦
S. Homoboni.
Humi .

D. O. M.
IACOBO CAPRETIO EX OPPIDO
PONTIS STVRAE CASALEN.
VIRO PROBO ATQ. INDVSTRIO
VIX. A. XXX. OB. VIII. KAL.
IVN. MDLXXVIII
LVCIANA FVRNARIA ROM. MARITO
OPTIMO MVLTIS CVM LACRYMIS P.

5.

S. Aloysii nationis Gallicanae.
Humi.

D. O. M.
GASPARO REYDET
NOBILI SABAVDO DIOE
GEBEN D. DE LERMINEV
ET PRISCI INSIGNI
FIDEI AC PIETATIS
VIRO ATQVE IN OMNES
OFFICIOSISS ET
PRVDENTISS.
CLAVDIA CORNILLION
VXOR CARISS ET NEPOTES
GRATI ANIMI ET PERPETVI
AMORIS MONVMENTVM
POSVERVNT VIXIT AN LV
VLTIMVMQVE DIEM OBIIT
III ID SEPTEMB.
MDXC

6.

S. Mariae in regione Transtyberina.
Sepulcrum cum imagine depicta.

A. D. G.
LECTOR . SISTE.
NEC . VIVVS . NEC . MORTVVS
HIC . HEREO . HIC . MOEREO
FILIO. ERAM . DESTITVTVS

CLASSIS XV.

CONIVGEM . AMISERAM
HIC
FILIO . REDDOR
ET . A . CONIVGE . NON . SEIVNGOR
ET . DVM
MORTVOS . SPECTANS
MORTEM . EXPECTO
PRAE. TIMORE . LAPIS
HVNC . LAPIDEM . ERIGO
NEC . SENSV . CAREO
NAM . ET . IPSI . LAPIDES
SVAS . LACHRYMAS . HABENT
GABRIEL . PRATVS . ASTENSIS
SÆCVLO . XVI
POST . MORTEM . REGIS . VITÆ

7.
S. Mariae de Populo.
Humi.

D O M
IO. MARIAE BRAVETTO
VERCELLENSI
MIRA IN REBVS AGENDIS
PRVDENTIA PIETATE AC
INNOCENTIA VITAE
CLARO
VIXIT ANNOS LI
MENSES III. DIES X.

OBIT

INSCRIPT. PEDEMONT.

OBIIT DIE XIV. SEPTEMB,
M. DC. III.
SEPTIMIA DE BOSIS
MARITO CARISSIMO
SIBI SVISQVE
MOESTISS. P. C.
AN. M. DC. III.

8.

S. Honuphrii.

Humi.

D. O. M.
GINEVRÆ AVELLANÆ
HONESTÆ PRVDENTI
MATRONÆ
QVÆ SEXAGESIMV̄ (6c)
ANNV̄ INGRESSA
OBDORMIVIT NI (6r)
DOMINO
BERNARDVS SBVRLAT^{VS}
CIVIS ASTENSIS VITR
DE SE BENE MERITÆ
VXORI SIBIQ. SEPTV
AGENARIO HVNC

POSVIT LAPIDĒ
NONIS IVNII
MDCVIIII

· CLASSIS XV.

9.
S. Mariae de Populo.
Humi.

D. O. M.
NICOLO VANDONI FIGLIO
DI GIO. BATA VANDONI
MILANESE DA OLEGI
PANDOLFI DIOCESE
DI NOVARA ELISABETTA BOVI
DA BRANZAGO NOVARESE
MADRE DI NICOLO
CATERINA CAGNELLI
ROMANA E DIALETTA
FIGLIA DI VIRGILIO
NARNESE PRIMA E SECONDA
MOGLIE DI NICOLO
NELL ANNO DEL SIGNORE
MCCCCCCXIX

10.
S. Mariae in regione Transtyberina.
Sepulcrum cum imagine depicta.

D. S.
ANNÆ MARIÆ DE FERRIS
GENVENSI
FŒMINÆ

CVM PRISCIS COMPARANDÆ
SED TANTVM SE IPSA DIGNÆ
QVÆ DVM MORVM PROBITATE
OMNES IN ADMIRATIONEM DVCIT
MORTEM IN INVIDIAM TRAHIT
GABRIEL PRATVS ASTENSIS·
GRATISSIMVS
OPTIMÆ VXORI
CVIVS ARDOREM ANIMO SENSIT
CINERES MONVMENTO COLLEGIT
HÆC MORIENS
XXXIII. VITÆ ANNVM
SECVM DVXIT
VLTIMVM FLETVS DIEM
MARITO RELIQVIT
CO IƆ C. XXXI.

II.
S. Caroli Catenariorum.
Humi.

D. O. M.
IVLIANI VIVALDI ALBIGANENSIS
QVOD MORTALE HVMO TEGITVR
QVOD VITALE COELO FRVITVR

MA-

CLASSIS XV.

MARITO ET PARENTI AMANTISSIMO
IN DEVM PIO IN AMICOS IIDO
DOMI SOLLICITO FORIS INDVSTRIO
VTROBIQVE PROBO
SEPVLCHRVM EX MARMORE
EXORNANDVM CVRAVERE
CLARA BARLANA VXOR
DILECTISSIMA
ET CATHARINA PETRONILLA
ET VERONICA
FILIAE ET HAEREDES GRATISSIMAE
OBIIT DECIMO KAL. APR. MDCXLIII
AETATIS SVAE AN. LXII

12.
S. Caroli in Vialata.
Humi.

FRANCISCVS . SODANVS . DE . CATTINARIA

VT . SANCTVM . CAROLVM . QVEM . IN . VITA . ADVOCA-
TVM . HABET

SENTIAT . ETIAM . EXVTA . MORTATITATE . PATRONVM

IN . HOC . IPSIVS . TEMPLO . SEPVLCRVM . IN . QVO . CLAV-
DATVR . MORTVVS

SIBI . ET . PLAVTILLAE . ZVCCHINAE . VXORI . APERVIT . VI-
VENS . AN. MDCLXVII.

13.
S. Mariae de Horto.
Humi.

D. O. M.
BONIFACIO LAMBERTO
FIL. Q. BARTHOLOMEI DE GATTINARIO
VERCELLEN. DIOC.
OPTIMO CONIVGI ET INTEGRO VIRO
QVI LXIII ANNV ET DIEM XXIII
AGENS OBIIT XIV. KAL. APRIL
ANNO DNI MDCLXXVII
CATERINA VVLPANI ROMANA
FIL. Q. IOAN. CHRISTOPHARI A CARAVAGGIO
ET APPOLLONIAE CHIAVARINAE
VXOR SVPERSTES
HOC CONIVGALIS AMORIS MONVMENTVM
MAXIMO CV MEKORE
POSVIT

14.
S. Jacobi in regione Pontis.
Humi.

D. O. M.
IO. PETRO TESTE CARCHANO

CLASSIS XV.

EX NOBILISSIMA NOVARIE FAMILIA
ORIVNDO
IMMATVRA MORTE E VIVIS EREPTO
LACRIMIS CAVATO MARMORE
LVCRETIA CAPPONIA VXOR
VBERTVS ET ANNA
FILY
EXTREMI DOLORIS ARGVMENTVM
POSVERE
OBYT ANNO SALVTIS MDCLXXVIIII
DIE VERO XXVIII XMBRIS
ÆTATIS SVÆ XLVIIII

Ibidem in alio marmore.

FAMILIA CARCHANO

15.
S. Mariae de Planctu.
In pariete.

D. O. M.
MARCVS ANTONIVS ALBERTINVS
MACANEI IN INSVBRIA NATVS
AB ILLO PVLVERE
QVO SIBI FACVLTATES SIGNAVIT
MORTALITATEM EDOCTVS
CHRISTIANAS PROSECVTVS VIRTVTES
HVC TRANSLATVS
V a   IMMOR-

IMMORTALITATEM ET IMMVTATIONEM
EXPECTAT
OB. VI. KAL. APRILIS M.DCLXXXIII
MARIA CAMILLA BREA
EX SECVNDIS VOTIS VXOR
DOMINICVS BONSANVS PRIVIGNVS
ET ANTONIA PRISCA CONIVGES ROMANI
SIBIMETIPSIS POSTERISQ. SVIS POSS.
AN. REPARATÆ SAL. M.DC.LXXXV

16.

S. Laurentii in Lucina.

Humi.

D. O. M.
FRANCISCO MASSARO EX SVRRISO
NOVARIEN. DIAECES.
MISERICORDIA IN PAVPERES ILLVSTRI
QVI OBIIT IV. NON. MARTII
MDCLXXXVIII
CATHERINA VZZENA VIRO OPTIMO
MOERENS POSVIT

CLASSIS XVI.

ADFECTUS FRATRUM ET NEPOTUM

CLASSIS DECIMASEXTA.

1.
S. Petri in Monte Aureo.
Humi.

D. O. M.
TRINITATI ÆTERNÆ SACRVM ANDREÆ FAVZONIO VRBE
MONTE REGALI CVI GENVS PATERNVM CLARVM
MATERNVM A REGVLIS LINQVILLÆ LIGVRIBVS
QVI A PROCVLO ROM. IMP. ORIGINEM DVCVNT
VIXIT AN. XXVI. OBIIT A CHRISTO NATO MDXXXI.
ACHILLES FAVZONIVS FRATRI P. RVRSVM CIRCVN-
DABOR PELLE MEA.

2.
SS. Trinitatis in Monte Pincio.
Humi, cum imagine delineata.

D O M
NOBILI AC STRENVO MILITI CAPIT
ANEO AVGVSTINO BALADA DE MOTE FER-

FERRATO IOANNINVS BALADA
NEPOS ET COMERES (64) EX TES
TAMENTO CV LACRIMIS BE
NE POSVIT VIXIT ANNIS LXXX
MENSIBVS DECEM OBIIT XL IVNII
MDXXXXVIII

3.
S. Mariae de Planctu.
Humi.

D. O. M.
IOANNI SCHOLE DE MŌ
TE REGALI DEPOSITVM
VIXIT ANNOS XL
OBIIT CONSVL ET CAME
RARIVS ARTIS TABERNARI
ORVM VRBIS DIE XII
SEPTEMBRIS MDLVI
GVGLIELMVS EIVS NEPOS
NON SINE LACRIMIS
POSVIT

4.
S. Aloyfii nationis Gallicanae.
Humi.

IES XPO OMN. SAL
IOSEPHO DADDEO CIVI
MONTIS REGALIS IN
PEDEMONTIO VIRO NOBILI

CLASSIS XVI.

MORIBVS PIETATEQ INSIGNI
IOANNES DADDEVS
FRI AMANTISS. P.
VIX. AN. XLV. M. III. D. VII
OBIIT AN. DO
MDLXVIII. III. CAL. OCTOB.

5.
S. Mariae de Horto.
Humi.

D. O. M.
HIC IACET D. BARTO
LOMEVS RVGERIVS
DE MONDVI
QVI OBIIT AÑO D.
MDLXXXII. M. FEB.
DIE II
PAVLVS FR. EIVS CVM
LACRIMIS B. M. POSVIT

6.
Ibidem.
Humi.

D. O. M.
FRANCISCO ARGAGLIETTO DE
CATINARIA VERCELLENSIS
DIOCESIS VIR DVM VIXIT

INTE-

INSCRIPT. PEDEMONT.

INTEGRÆ VITÆ ET IN OPERIBVS
PIIS SOLLICITVS MORTE IN
XXXX. EIVS AETATIS ANNO
SVPERVENIENTE PONERE NON
SINE LACRIMIS IACOBVS FRATER
ET FILII CVRARVNT OBIIT
DIE II. MENSIS IVNII MDCXXII.

7.
S. Mariae de Planctu.
Humi.

D. O. M.
BARTOLINO BIOCCHAE
EX OPPIDO CATINARIAE
VERCELLEN. DIOC.
ORIVNDO FRVGI PARITER
ATQ. HONESTO VIRO VITA FVNCTO
DIE XI. SEPTEMBRIS M. DC. XXV
ANTONIVS ET AVGVSTINVS FRATRES
ET FRANCISCVS EX FRATRE NEPOS
HAEREDES MOERENTES
P P.

CLASSIS XVI.

8.
S. Mariae de Horto.
Humi.

D. O. M.
ANTONIO BARDONIO
A CATINARIA
SALSAMENTARIO
B. MARIAE DE HORTO
CONFRATRI
BENEMERITO
QVI OBIIT DIE XXX
IVLII MDCXXVI
LAVRENTIVS
BARDONIVS EIVS
FRATER ET HERES
MONVMENTVM
HOC PONI CVRAVIT

9.
S. Francisci ad Ripam.
Humi.

D. O. M.
IOANNI BRVNELLO VIRGVLTENSI
DAMIANVS DOMINICVS ET IOAN. BAPTA BRVNELLI NEP.
EX IPSIVS BONORVM HAEREDES OBITV SVVM GEMENTES
POSVERE

X   TER-

TERRARVM LVSTRAS TV QVI LOCA SACRA VIATOR
 NVNC CERNENS TVMVLVM SISTE PARVMPER ITER
NAM IACET IMMITI CONSVMPTVS MORTE IOANNES
 HIC QVI VIRTVTIS CHARVS AMICVS ERAT
QVARE DEVM MANIBVS SVPPLEX INFLECTE SVPINIS
 SPIRITVS VT NITIDO POSSIT ADIRE POLOS

OBIIT DIE X. AVGVSTI M.D.C.XXIX.

10.

S. Mariae de Horto.

Humi.

D. T. V.
PETRO ANTONIO SODANO
ANTONII FILIO DE CATINARA
MORVM INNOCENTIA PIETATE
AC ANIMI MAGNITVDINE PRAESTANTI
OMNIBVS GRATISSIMO
POSVIT
IOANNES BAPTISTA SODANVS
FRATER ET HERES ET SIBI
SVISQVE ET HAEREDIBVS
OBIIT VI. KAL. DECEMBRIS
MDCXXXV

II.

S. Aloyſii nationis Gallicanae.

Humi.

D. O. M.
GVGLIELMO VALERIO
PEDEMONTANO
EXIMIÆ INTEGRITATIS VIRO
PIETATE AC RELIGIONE IN DEVM
MVNIFICENTIA IN PAVPERES
CONSPICVO
REGIÆ HVIVS ECCLESIÆ ET HOSPIT
SVMMA CVM LAVDE PARIQVE
AFFECTV ET SOLERTIA
LONGO TEMPORIS TRACTV
PRINCIPALIS CÆMENTARIORVM
FABRORVM MAGISTRI
MVNERE PERFVNCTO
BERNARDVS VALERIVS
EX FRATRE NEPOS ET TESTAM
HAERES PATRVO
SIBI POSTERISQVE SVIS
P. C.
OBIIT QVINTO KAL IAN
MDCLVI AET VERO SVÆ
SEXAGESIMO TERTIO

12.
S. Mariae de Horto.
Humi.

D. O. M.

FRAN.^{CO} MAZZIAGA OLEGGI OPPIDO
NOVARIENSIS DIOECESIS PATRITIO
VIGILANTISSIMO ARCHICFRATIS
S. M. DE ORTO CVSTODI
DOLENS FRATER EIVS AMANTISSIMVS
ANTONIVS MARIA MAZZIAGA
IN LVCTV POSITVS
LVGVBRE HOC SEPVLCRALE MONVMENTVM
POSVIT
ANNO MDCLXXI
OBIIT XXIII IVNVARII (ſic) ANNI EIVSDEM

13.
S. Caroli Catinariorum.
Humi.

D. O. M.

IOANNI DE RVBEIS
PEDEMONTANO
RELIGIONE CASTIMONIA PROBITATE

CLASSIS XVI

ET MISERICORDIA IN PAVPERES EXIMIO
QVI MORTALITATIS MEMOR
SEPVLCRVM SIBI SVISQVE EXTRVI
TESTAMENTO IVSSIT
IO. FRANCISCVS DE RVBEIS
HÆRES SVPREMA
AVVNCVLI VOLVNTATE IMPLETA
MOERENS P.
VIXIT ANNOS LXIV. M. V.
OBIIT ANNO R. S. MDCCXXXIX
XIV. KAL. SEPT.

INCERTÆ, AMICORUM, ET EORUM QUI SIBI IPSIS POSUERUNT

CLASSIS DECIMASEPTIMA.

1.

SS. Viti & Modesti.
Humi.

MCCCC
D. O. M.
DEPOSITV̄ ADAMATIS
QVONDĀ VXORIS
ANTONII DE NOVARIA
ĀNO IVBILEI
DIB 14. (sic) IVNII
1500. (sic)

2.

S. Salvatoris in Unda.
Humi.

D. O. M.
AVITVM PERVETVSTÆ ÆQVE
AC NOBILIS ROMANÆ FAMILIÆ

CAS-

CLASSIS XVII.

CASSIORVM SEV DE CACCIA SEPVLCHRVM, QVAM VT ROMÆ REDIVIVAM RESTITVERET BARTHOLOMÆVS DE CACCIA E NOVARIA ROMAM REDVXIT AB INITIO VSQVE SÆCVLI MD.

3.

S. Agathae in regione Montium.
Humi.

HIC IACET GRABIELLA D
MALLIAO RELICTA CŌ
DAM IACOBI D MŌTE FERR
ATO QVE VIXIT AÑIS 40 (&c)
OBIT DIE IOVIS PENVLTI
MA MAII Lj IN FESTO
CORPORIS XPI AÑI M
DXXVI

ANTONIVS BARELLA
DE TVRRE GENERE
SOCRVI BENEME
RENTI POSVIT
VXORI TROCHO
FILIO

4.
S. Laurentii in Damaso.
Humi.

D. O. M.
ANTONIO MANNINO NOVARIEN.
ORIVNDO EX OPPIDO GOZANO
VIRO INDVSTRIA INTEGRITATE
HVMANITATE INCOMPARABILI
QVI VIXIT AN. XLIV. MENS.
VIII. OBIIT V.NONAS OCTOBRIS
ANNO SAL. M.DLXI.

5.
S. Caroli in Vialata.
Humi.

D. O. M.
IO. FRANCISCVS . ZANOLVS . NOVARIENSIS
PRO . SVA . ERGA . DIVVM . CAROLVM . PIETATE
DIE . IPSO . FESTO . MORIENS . A. MDLXII.
SIBI . SVISQVE . HOC . MONVMENTVM . POSVIT

6.
S. Mariae de Horto.
Humi.

D. O. M.
ANTONIVS DE EVSEBIIS
DE S. GIORGIO CANAPENSIS

DIOCESIS EPOREGIENSIS
PIZZICAROLVS IN VRBE
QVI FVIT CAMERARIVS
SOCIETATIS S. M. DE HORTO
ANNO DOMINI
MDLXXV
MDLXXVII.   MDLXXXII.

7.

S. Mariae de Populo.
Humi.

D. O. M.
RVBERTO . PINO . PATRICIO . AVXIMATI
ILL.^{MI} ET R.^{MI} DD. CAETANI . CARD.
SERMONETA . A . SACRIS . VIRO . PROBO . ET . PIO
MVLTIS . IN . SODALITATIB. . SANCTIS . MVNERIB.
EGREGIE . FVNCTO . CAVDATARIORVM
DECANO
. IOSEPH . BONIPETRVS . NOVARIEN
NICOLAVS . MASSVTIVS . RECANATEN .
IVLIVS . ALTOBELLVS . MVTINEN
TESTAMEN. EXECVTORES . PP.
VIXIT . ANN. LXXXI. MEN. I. D. XVI.
DECESSIT . IDIB. OCTOB. M. D. LXXX

8.
S. Mariae de Horto.
Humi.

D. O. M.
PETRO MAGONIO DE
CATINARIA SALSEMEN
B. MARIA DE HORTO
CONFRATRI BENEMERITO
QVI OBIIT DIE XXII
SETTEMBRIS
MDCXXV
C. O. B. MAGONIO
..... HAERES EIVS
MONVMENTVM
HOC PENI (&c) CVRAVIT

9.
Ibidem.
Humi.

D. O. M.
SEPOLTVRA
DI BARTOLOMEO FVRGOTTI DE PRATO
DIOCESI DI NOVARA ET
DI VITTORIA DE SANTI VITERBESE
SVA CONSORTE
OFFITIALI E BENEFATTORI
DELLA COMPAGNIA DELLA MADONNA DELL' HORTO
ADI XXVI. DI MARZO MDCXXXIV. VIVENTE

CLASSIS XVII.

10.
S. Rocchi ad Ripam.
Humi.

D. O. M.
ANTONIVS BOCCIVS
DE LVCANO
DIOECESIS
IPPOREGIENSIS
HIC IACET
XII. OBIIT KAL. APRILIS
M. D. C. XLIII

11.
S. Francisci ad Ripam.
Humi.

D O M
IO . . . S . . . PVS PRESB. ASTEN
. . . . APOST
. . . .
AD IANITORIS COELI PEDES
SEPELIRI CVRAVIT
VT EIVSDEM CLAVIBVS
AETERNITATIS IANVA
SIBI MORIENTI APERIATVR
VIVENS POSVIT
ANNO MDCLXVI
AETATIS ANN LXXIII
OBIIT ANNO MDCLXX
DIE II. MAII

12.

In Museo Capitolino.
In pariete.

INNOCENTIO VNDECIMO PONTIFICI OPTIMO MAXIMO

QVOD IN VIENNA ROMANI IMPERII PRINCIPE VRBE

IRREQVIETA VIGILANTIA PRVDENTI CONSILIO INGENTI AVRO

PRECIBVS LACRYMISQVE DEI IMPLORATO AVXILIO

ANNO REPARATAE SALVTIS CIƆIƆCLXXXIII

AB IMMANISSIMA TVRCARVM OBSIDIONE VINDICATA

LABORANTI CATHOLICAE RELIGIONIS SECVRITATI PROVIDERIT

FOELICITER REGNANTE

LEOPOLDO PRIMO CAESARE AVGVSTO

CHRISTIANAS ACIES DVCENTE

IOANNE TERTIO POLONIÆ REGE SEMPER INVICTO

FORTITERQVE PVGNANTE

CAROLO QVINTO DVCE LOTHÆRINGO

S. P. Q. R. AETERNVM MEMOR P.

COMEND. CAROLVS ANTONIVS A PVTEO CŌS MARCVS ANTONIVS DE GRASSIS CŌS

LÆLIVS FALCONERIVS CONS. ISIDORVS CARDVCCIVS C. R. PRI.

CLASSIS XVII.

13.
S. Mariae de Horto.
Humi.

D O M
FRANCISCO ARGAGLIETTO
DE CATINARIA SALSAMENTARIO
DE HAC ECCLA
QVAM HAEREDEM INSTITVIT
OPTIME MERITO
VIXIT ANN. LXV. OBIIT PRID. IDVS
FEBRVARII MDCXCIII.

CVSTODES SMPREMÆ EIVSDEM
VOLVNTATI OBSEQVENTES POS.

14.
SS. XII. Apoſtolorum.
Humi.

D. O. M.
TERESA ANGELA
CASALES
ROMANA
SIBI SVISQVE POSTERIS
HOC MONVMENTVM
POSVIT
ANNO DOMINI MDCCXXVII

15.
Ibidem.
In clauſtri pariete.

D. O. M.
THERESIA ANGELA CASALES
ROMANA
EX PATRE DIDACO
ET AVO FRANCISCO
PATRVOQVE DVCE CAROLO
DE NOBILI FAMILIA CASALI
EX SABAVDIA
SIBI VIVENS
MONVMENTVM POSVIT
ANNO DOMINI
MDCCXXIX

16.
S. Gregorii ad pontem Caeſtium
Humi.

D. O. M.
OSSA
IO. FRIDERICI KREAYTTER
DE CORVINIS
PATRITII CALARITANI
CONC̄NIS DIVINAE PIETATIS
PROMOTORIS
OPTIME MERITI
OBIIT DIE XXVII. DECEMBRIS
A. D. MDCCXXX.

CLASSIS XVII.

17.
S. Mariae de Victoria.
Humi.

D. O. M.
PAVLVS ANTONIVS ARRIGONVS CASSINENSIS
IN INSVBRIA
HOC QVOD SIBI MORITVRO POSVIT MONVMENTVM
VIVENTI VOLVIT MORTIS COMMONITORIVM
ANNO REP. SAL. MDCCLIII.

18.
S. Gregorii in Monte Coelio.
Humi.

BERNADINVS DE
TROTIS DE CAS
TELASIO ALEXA
NDRINENSIS

19.
S. Mariae de Planctu.
Humi.

FAMILIA DE BLENGINI DELLA
CITTA DI MONDOVI
CONFORME IL TESTAMENTO
DEL SVDETTO
BIAGIO

20.
S. Aloysii nationis Gallicanae.
Humi.

D O M
HOC MONVMENTVM
EST

INSCRIPT. PEDEMONT.

EST IOANNIS DE S. MICHAELE
SABAVDI HVIVS AEDIS HOSPITALARII
IN QVO SE CVM VXORE ET LIBERIS
POST MORTEM CONDI VOLVIT

21.
SS. Trinitatis in Monte Pincio.
Humi.

D. O. M.
PHILIPPVS . VINCENTIORVM . GENERE
PINAROLI . ORTVS . POST . PLERAQ. PRIMÆ
ÆTATIS . DISCRIMINA . IN . VRBE . TANDEM
A . IVVENTVTE . FIRMAVIT . LAREM
IN . SENIVM . VERGENS . ADHVC . CÆLEBS
ET . MEDITATVS . CVM . MORTE . NVPTIAS
HVNC . SIBI . THALAMVM : COMPARAVIT
QVID . ENIM . ALIVD
CVI . CRVX . IN . STEMMATE . RADIAVIT
NISI . MORTEM . MEDITATIONE
PRÆSVMERET

22.
Laterani in oratorio S. Mariae ad Fontem.
Humi.

FAMILIA EX MARCHIONIBVS CEVÆ
PEDEMONTANA
HOC SVIS PARAVIT CONDITORIVM EXTINCTIS
VIVENTIBVS SPECVLVM

APPENDIX.

1.
In basilica Liberiana.
Humi.

PETRO LAMBERTO ALLOBROGI
PRAESVLI CASERTANENSI
VIRO PRINCIPALIBVS LIBELLIS
LITTERISQVE REFERENDIS
FORMANDIS CASTIGANDIS
PRAEPOSITO
BENE DE OMNIBVS MERITO

2.
S. Susannae:
Humi.

D. O. M.
ANDREAE ANTOLINO ADVOCATO
ALEXAND. ET IO. BAPT. FRATRIB.
HIC RECVMBENTIBVS
OLIMPIA ANTOLINA
DE BALLAPANIBVS
SOROR PIISSIMA GRATI ANIMI
HVNC LAPIDEM FIERI IVSSIT
DIE VI, OCTOBRIS M.DC.XXXVI.

APPENDIX.

3.
SS. Trinitatis Peregrinorum.
In fronte ecclesiae.

IOES : DE . RVBEIS . PEDEMONTANVS . IN . S. S. TRINITATIS .
HONOREM . F. F. A. MDCCXXIII.

4.
S. Mariae de Aracoeli in sacello S. Hieronymi.
Humi.

D. O. M.
SERVVS DEI
IOANNES ANDREAS CORDERI
PRÆSBYT. SÆCVL. DIŒC. MTIS REGALIS
IN SVBALPINIS
DOCTRINÆ CHRISTIANÆ
PERPETVVS ET CVLTOR ET PROMOTOR
HIC IACET
PIA AC LIBERALI CONCESSIONE
ILLMI ET EXCMI PRINCIPIS
D. HIERONYMI ALTIERI
HVIVS SACELLI PATRONVS
EX INSTNO ROGATO PER ACTA
D. IOAN. ANTONII PICHA NOT. CAP.
DIE XXI. NOVEMB. MDCCXXXIII.
OBIIT XXI. OCTOB. MDCCXXXII.
ÆTATIS LXXXIV.

INDEX

INDEX
GENERALIS ALPHABETICUS

Cognominum & nominum, quæ in Inscriptionibus continentur, & memorantur.

Numerus Romanus classem, Barbarus vero Inscriptionem demonstrant.

A

Bbatis de. Albertus XIII. 2.
Adamantes de Novaria XVII. 1.
Albani. Vide Clem. XI.
Albertini. Marcus Antonius. Maria Camilla *Brea* XV. 15.
Albertus Genuensis XIII. 2.
Alborio de. Johannes XIII. 3.
Alcbisius. Fr. Camillus Angelus VI. 6.
Alderamnus Montisferrati Marchio III. 18.
Aldobrandini. Clemens VIII. I. 2. Johannes Card. Petrus Card. III. 14.
Alexander VI. Papa III. 2.7.v.4.
Alexander VII. Papa III. 21. IV. 11. IX. 17. X. 27.
Alexander VIII. Papa IX. 21. X. 27.
Alexandris de. Franciscus. Catharina *Leria* IV. 8.
Altieri. Vide Clem. X.
Altobelli. Julius XVII. 7.

Agazini. Alexander. Cæsar X. 5. Franciscus VI. 2. Jacobus XIV. 9. Johannes Martinus X. 5. Lucia de *Johannellis* XI. 2. Maria X. 5.
Ambrosius de Vigevano V. 5.
B. Amedeus de Sabaudia II. 4.
Ameti. Hieronymus. Johannes Baptista de *Fagnanis* VIII. 2.
Annibaldi. Jacobus Bernardus. Ludovicus. Matthæus. Vincentius X. 17.
Antignata de. Laurentius XIII. 2.
Antonelli. Thomas XIII. 2.
Antonius *de* Novaria XVII. 1.
Appiani. Riccardus XIII. 10.
Aragoni. Joh. Baptista I. 21.
Arcatori. Joh. Baptista X. 16.
Argaglietti. Franciscus. Jacobus XVI. 6. XVII. 13.
Ari. Fr. Hieronymus Gen. Carm. V. 13.
Arieti. Fr. Caesar. Bartholomæus VI. 8.

Z 2 *Ar-*

Arnaldi. Stephanus VI. 10.
Arrigoni. Paulus Antonius XVII. 17.
Aste de. Anna Lenquelia XIII. 16. Franciscus Bonaventura IX. 5. XIII. 16. Gregorius IV. 7. IX. 4. Johannes Baptista Episcopus IV. 7. Johannes Baptista IX. 5. XIII. 16. Mauritius XIII. 16. Michael IX. 4. Selvagius IX. 4. XIII. 16.
Avellana. Gineura Sburlati XV. 8.
Avila. Johannes X. 15.
Austria ab. Johannes VII. 2.

B

Bacoletti. Franciscus XIII. 6.
Balada. Augustinus. Johanninus XVI. 2.
Balbi. Emanuel. Johannes X. 4.
Balestra. Clara Levia IX. 20.
Baratta. Johannes Antonius IX. 24.
Barberi. Bernardinus. Johannes Baptista. Ludovicus. Marcus Antonius VII. 2.
Barberini. Urbanus VIII. Pontifex III. 17.
Barbo. Paulus II. Pontifex V. 1.
Bardoni. Antonius. Laurentius XVI. 8.

Barella. Antonius XVII. 3.
Barlani. Clara Vivaldi XV. 11.
Baronini. Bartholomaeus sen. Bartholomaeus junior. Johannes Franciscus XII. 1.
Bartholomaeus Mediolanensis XIII. 2.
Batholomaeus a Salutio VI. 7.
Bartoli Lucas XIII. 3.
Bayla. Joseph Adv. Conc. Maria Magdalena Ceva V. 12.
Belcaria. Gridonia Ogeria XI. 1.
Benedictis de. Franciscus VI. 4.
Benedictus XIII. Pont. X. 29.
Benedictus XIV. Pont. III. 25. X. 29.
Bernerius. Hieronymus Card. X. 23.
Bertoncelli. Lucretia Longia XV. 3.
Bessi. Franciscus. Jacobus XIV. 6.
Bessoni. Ludovicus. Philippus X. 8.
Bevilacqua. Julia X. 8.
Bigini. Hieronyma XIII. 20.
Biglioni. Margarita Castrucci XVI. 2.
Biliis de. Nicolaus XV. 1.
Biocca. Antonius. Augustinus Bartolinus. Franciscus XVI. 7.
Bissaiga. Carolus. Johannes X. 27.
Blanchis de. Archangelus Card. X. 17. Vitalis VI. 5.

Blen-

ALPHABETICUS.

Blengini. Blasius XI. 3. XVII. 19.
Boco. Johannes Baptista x. 12.
Bocco. Philibertus XI. 2.
Boggi. Antonius XVII. 10.
Bons. Johannes Card. III. 19. 20. Johannes x. 23.
Bonardi. Ludovicus XIII. 2.
Boncompagni. Gregorius XIII. v. 8.
Bonelli. Antonius. Carolus Card. III. 21. Johannes Dominicus IX. 2. Michael Cardinalis III. 14. 21. IX. 2. Michael III. 21. IX. 8.
Bonjoannes. Horatius I. 21.
Bonipetri. Joseph XVII. 7.
Boni. Stephanus x. 1.
Bonsani. Dominicus XV. 15.
Bonsi. Septimia *Bravetti* XV. 7.
Bordini. Joh. Franciscus Ep. IX.
Borgia. vide Alex. VI. & Callistum III.
Borla. Petrus XV. 2.
Bovi. Elisabetta *Vandoni* XV. 9.
Bravetti. Johannes Maria. Septimia *Bonsi* XV. 7.
Brea. Maria Camilla *Albertini* XV. 15.
Brunelli. Damianus. Dominicus Johannes. Johannes Baptista XVI. 9.

Bruni. Fr. Coelestinus IV. 3. Henricus Archiepiscopus. Ludovicus Episcopus IV. 3.
Bulses. Genesius x. 7.
Burgbesius. Paulus V. Pont. x. 24. Scipio Cardinalis x. 25.
Bursani. Elisabeth x. 7.
Busiis de. Prudentia *Ceva* v. 14.
Buxiis de. Girardus x. 2. Jacobus. Johannes Andreas episcopus IV. 2. x. 2.

C

C*Accia*. Bartholomaeus XVII. 2.
Cagnelli. Catharina *Vandoni* XV. 9.
Caiis de. Anastasius III. 1. 2. Annibal. Benedictus Cardinalis III. 1. Constantinus. Franciscus III. 2. Hilarus. Quintilius III. 1. 2.
Calandra. Johannes Baptista XII. 2.
Callixtus III. Pont. IV. 1. VII. 1.
Calvi. Ulyxes VIII. 7. 8.
Camajani. Antonius I. 21.
Capitaneis de. Damianus v. 2.
Capotiis de. Francisca. Johannes Aemilius. Johannes Jacobus XIV. 3.

Cap

Capponi. Lucretia *Testa Carchano* xv. 14.
Capranica. Dominicus I. 21.
Capretius. Lucia *Furnari*. Jacobus xv. 4.
Capua. Johannes 2. 26.
Carducci. Isidorus xvii. 12.
Carle de. Franciscus xiii. 9.
Carnilia. Bernardus v. 8.
Carola de Lusignano Cypri Regina ii. 1. 2. 3.
Carolus Emanuel Sabaudiae Dux v. 13. 14.
CAROLUS EMANUEL SARDINIÆ REX iI. 4.
Carolus V. Lotharingus xvii. 12.
Carolus II. Hispaniarum Rex v. 15.
Carolus IX. Galliarum Rex I. 11. 19.
Carolus de Fontanella xiii. 2.
Carrafa. Vide Paulum IV. Pont.
Carretto de. Cassinus. Clemens. Cornelia. Franciscus Hippolitus. Johannes ix. 13. Johannes 2. 3. Otho vii. 1. ix. 13. Odoninus vii. 1. Paulus Ep. x. 3.
Casali. Carolus. Didacus. Franciscus ix. 17. xvii. 15. Theresia Angela xvii. 14. 15.

Castellani. Bernardinus 2. 20. Johannes Andreas U.S. Ref. v. 11. x. 20.
Castello de. Antonius xiii.
Castrucci. Ascanius. Johannes. Antonius. Margarita *Biglioni* xiv. 2.
Casula. G. Laurentius xiii. 10.
Cavalchini. Alexander Felix ix. 26. Carolus Albertus Guidobonus Card. iiI. 24. ix. 26.
Cavaleriis de. Johannes Andreas xiii. 3.
Cena. Johannes v. 13.
Cervini. Vide Marcellum II. Pont.
Ceva. Alderamnus Cajetanus v. 14. Anselmus. Bonifacius iiI. 18. Carolus Octavius v. 14. Franciscus Adrianus Cardinalis iiI. 17. 18. Franciscus Adrianus U.S. Ref. iiI. 18. v. 14. Gargillafcius iiI. 18. Hortensius v. 14. Nanus iiI. 18. Pontius senior & junior xiii. 13. Prudentia *Butii* v. 14. Familia xvii. 22.
Chiavarini. Apollonia xv. 13.
Christophorus de Vigevano xiii. 2.
Clemens VIII. Pont. I. 2. iiI. 14. ix. 16.
Clemens IX. Pont. x. 27. xi. 3.
Cle-

ALPHABETICUS.

Clemens X. Pont. x. 27.
Clemens XI. Pont. I. 22. III.
22. IV. 11. IX. 21. X. 28.
Clemens XII. Pont. x. 28.
CLEMENS XIII. Pont. II. 4.
Columna. Marcus Antonius I. 19. 20. 21.
Corderi. Joseph Egnatius. Felix x. 28.
Cornillion. Claudia Reydet xv. 5.
Coronati. Johannes Baptista I. 21.
Corsini. Vide Clem. XII. Pont.
Crespiati. Binus XIII. 3.
Cuneus. Augustinus VIII. 7.
Cybo. Vide Innoc. VIII. Pont.

D
Addei. Johannes v. 9. xvi. 4. Joseph xvi. 4. Julius v. 9.
Defsy. Franciscus viii. 9.

E
Cclesia. Johannes Paulus Card. III. 12.
Emanuel Sabaudiae Dux ix. 8.
Este ab. Raynaldus Card. ix. 14.
Estensis Tassoni. Franciscus v. 16.
Eusebiis de. Antonius xvii. 6.

F
Agnani. Johannes Baptista Ametus VIII. 2.
Falconeriis de. Laelius xvii. 12.
Farnesius. Alexander Card. ix. 6. Horatius x. 10.
Fassini. Johannes Antonius. Paulus xv. 1.
Fauzoni. Achilles. Andreas. xvi. 1.
Ferdinandus III. Imperator ix. 20.
Ferdinandus Carolus Arcidux Austriae ix. 20.
Ferrari. Herminia Surdi. Horatius VIII. 3. 4.
Ferreri. Bonifacius Card. III. 11. Guido Card. III. 11. 13. Johannes Stephanus Card. III. 8. 11. Julius Caesar x. 24. Petrus Franciscus Card. III. 11. 13. Philibertus Card. III. 11.
Ferri. Anna Maria Prati xv. 10.
Ferrini. Demosoon xIII. 14.
Fogliatis de. Johannes Petrus xIII. 2.
Fontana. Ubertus x. 15.
Foresta. Petrus xIII. 5. 6. 7.
 Franciscus de Paula iv. 11.
Frezza. Tarquinia xiv. 5.
Fridericus III. Imperator III. 7.

For-

Furgotti. Bartholomaeus III. 15. XVII. 9. Victoria de *Sanctis* XVII. 9.
Furnari. Luciana *Capretia* XV. 4.
Fuscaglia. Carolus Dominicus. Johannes Dominicus VI. 19.

G

GAbrieli. Cardinalis III. 20.
Gaetani. Cardinalis XVII. 7.
Gaeti. Marcus Antonius X. 15.
Galdini. Franciscus. Georgius. Paula XIV. 7.
Gallacini. Rutilius VI. 5.
Galli. Carolus Antonius VI. 18.
Gamberia. Bernardinus Ep. Vasinus v. 4.
Gandulfi. Carolus Franciscus VI. 20.
Garroni. Jacobus Franciscus IX. 21.
Gaspardoni. Antonius abbas. Laurentius v. 1.
Gentili. Franciscus. Julius Ep. IV. 5.
Gerardi. Jacobus IV. 5.
Gerardini. Franciscus Benedictus XI. 4.
Ghisius. Vide Alex. VII. Pont.
Ghisleriis de. Franciscus v. 6. Innocentius I. 7. Johannes Baptista I. 7. Michael senior & junior v. 6. Michael Pius Raymundus I. 7. Paulus v. 6. Pius V. Pont. Max. quem vide. Pius v. 6.
Gilliago de. Johannes Ep. IV. 1.
Giordani. Fridericus Ep. IV. 13. 14.
Gosi. Europa *Miloni*. Johannes Baptista VIII. 6.
Gramoni. Nicolaus X. 9.
Grassis de. Marcus Antonius XVII. 12.
Gregorius VII. Pont. III. 1.
Gregorius XIII. Pont. v. 8. IX. 3. X. 19.
Gregorius XV. Pont. VI. 7. X. 20. 24.
Guarnelli. Alexander. Octavius IX. 6.
Guascus. Carolus IX. 21.
Guidi. Maria Victoria III. 10.
Guidoni. Franciscus. Simon XIV. 5.
Gypsi. Cardinalis v. 13.

H

S. Hieronymus III. 5. 24.
S. Hilarus Pont. I. 1. 2. 3. 4. 5. 6.

I

JAvelli. Guido. Horatius XIV. 7.
Ignatio a S. Fr. Paulus Gen. Carm. v. 15.

Inno-

ALPHABETICUS.

Innocentius VIII. Pont. III. 7. v. 4.
Innocentius X. Pont. IX. 17. x. 24.
Innocentius XI. Pont. IV. 10. II. v. 15. IX. 21. XVII. 12.
Innocentius XII. Pont. IV. 11. IX. 21.
Innocentius XIII. Pont. IX. 21.
Invisiati. Laelius VI. 5.
Johannellis de. Johannes Angelus. Lucia Agazini VI. 20.
Johannes III. Poloniae Rex XVII. 12.
Johannes Antonius Sabaudiae Dux XI. 2.
Jobannis. Christophorus x. 11.
Judicibus de. Augustinus XIII. 10.

K

Reaytter. Fridericus de Corvinis XVII. 16.

L

Agbi. Fr. Aloysius III. 25.
Lamberti. Bartholomaeus. Bonifacius xv. 13.
Lambertini. Vide Bened. XIV.
Lancellotti. Horatius Card. x. 26.
Lenguelia. Anna de Aste XIII. 16.
Leopoldus I. Imp. XVII. 12.
Lerin. Bernardus IV. 8. IX. 20. Caelar. Catharina de

Alexandris IV. 8. Clara Balestra IX. 20. Hieronymus IV. 8. IX. 20. Johannes Baptista IV. 8. IX. 20. Leonardus Ep. IV. 8. Victoria Ricciolini. IX. 20. Victoria de Roggeriis IV. 8.
Lingles. Anna. Ugo II. 3.
Longi. Alexander. Horatius. Lucretia Bertoncelli xv. 3.
Lucatelli. Angelus x. 22.
Ludovicus XIII. Galliarum Rex III. 17. 18.
Ludovicus Princeps Sabaudiae II. 1.
Ludovisi. Vide Gregor. XV. Pont.
Lusignano de. Carolotta Regina Cypri II. 3.

M

Acinelli. Nicolaus XIII. 2.
Maffioli. Julius XIII. 12.
Magoni. Petrus XVII. 8.
Maillard de Tournon. Carolus Thomas Card. III. 22.
Malesbi. Margarita. Thomas XIII. 1.
Malgarini. Paulus XIII. 10.
Malliao de. Gabriella XVII. 3.
Mannini Antonius XVII. 4.
Manzoli. Antonius XIII. 2.
Marcellus II. Pont. x. 19.
Marchis de. Eusebius. Johannes XIII. 4.

A 2   Mar-

Marcorelli. Petrus xiii. 2.
Margani. Flaminia x. 10.
Martinili. Michael xiii. 2.
Maffari. Catherina Uzzena. Franciscus xv. 16.
Muffutius. Nicolaus xvii. 7.
Mathias Ungariæ Rex iii. 7.
Mauritius a Sabaudia Cardin. iii. 16. ix. 13.
Maximi. Tiberius I. 21.
Mazziaga. Antonius Maria. Franciscus xvi. 12.
Mayni. Johannes Paulus x. 15.
Mediabarba. Carolus Ambrosius Patriarcha iii. 22.
Medices. Vide Pium IV. Pont.
Meotti. Seraphina xi. 4.
Michaele de S. Johannes xvii. 20.
Millo. Johannes Jacobus Card. iii. 25.
Miloni. Bartholomæus, Europa Gosi. Petrus Antonius viii. 6.
Molinari. Augustinus. Octavianus ix. 18.
Momia. Michael xiii. 2.
Mozzi. Anna Maria *Restagni*. Johannes Paulus ix. 19.
Mozzio de. Johannes Baptista xiii. 18.
Muliarna de. Jacobus xiii. 3.
Muti. Carolus. Michael Angelus. Mutius ix. 15.
Mutiis de. Alexander I. 21.

N

N *Epi*. Johannes Baptista. Johannes Paulus. Joseph. Simon xiv. 10.
Nicolai. Benedictus xiii. 2.
Nigris de. Johannes Alimentus x. 3.

O

O *Defcalchi*. Vide Innoc. XI. Pont.
Ogeriis de. Franciscus. Gridonia *Belcaria* x. 1.
Otboboni. Vide Alex. VIII. Pont.

P

P *Aceco*. Franciscus Card. I. 12.
Palenti. Lucretia xiv. 7.
Palladius. Alexander x. 21.
Palleani. Georgius x. 10.
Pampbiliis de. Vide Innoc. X. Pont.
Pancaxini. Nicolaus viii. 9.
Parpalea. Vincentius v. 7.
Paffionei. Dominicus Cardin. iii. 20.
S. Paula iii. 24.
Paulus II. Pont. v. 1. vii. 1.
Paulus III. Pont. x. 11. 12.
Paulus IV. Pont. I. 10. x. 19.
Paulus V. Pont. x. 24. 25.
Paulus Johannis Lucensis xiii. 2.

Pelet-

ALPHABETICUS.

Peletta. Merchior Ep. IV. 6.
Peperi. Bartholomæus Episc. IV. 4.
Peretti. Vide Xystum V. Pont.
Persinari. Bartholomæus XIII. 10.
Petra. Marcus Antonius IX. 10.
Petra Sancta. Annibal. Faustina XIII. 9.
Petrina. Gaspar Antonius IX. 22.
S. Philippus Nerius III. 24.
Philibertus Sabaudiæ Dux v. 7.
Philippus Hispaniarum Rex I. 13.
Philippus II. Hispaniarum Rex I. 19. 20. 21. III. 21.
Philippus IV. Hispaniarum Rex VII. 2.
Piccolomini. Vide Pium II. Pont.
Pignatelli. Vide Innoc. XII.
Pini. Robertus XVII. 7.
Pio. Rodulphus Card. I. 8.
Pipia. Augustinus Card. IIL. 23.
Piscatori. Hieronymus. Joh. Baptista IX. 1.
Pius II. Pont. VII. 1.
Pius IV. Pont. v. 5. X. 11. 13. 18. 19.
S. Pius V. Pont. I. 7. ad 22. III. 12. 14. 21. V. 8. IX. 2. 3. 8. X. 13. 14. 15. 19.
Pogiani. Bartholomæus. Johannes Antonius. Julius X. 13.
Ponte a. Johannes Jacobus VI. 16.
Ponte de. Johannes XIII. 2.
Porcellana. Franciscus. Johannes XIII. 2.
Porta de la. Ardicinus Sen. Card. Ardicinus Jun. Card. III. 3. 7.
Prata. Sigismunda *Virili* IX. 9.
Prati. Franciscus Philippus XIII. 20. Gabriel XIII. 19 XIV. 12. XV. 6. 10. Johannes XIV. 12.
SS. Primitivus & Vitalis IIL. 24.
Prisca. Antonia XV. 15.
Provana. Aloysius X. 11. 18. Christophorus. Franciscus. Georgius. Hieronyma. M. Antonius X. 18.
Puteo de. Antonius Archiepiscopus. Antonius. Jacobus Cardinalis III. 9. 10. Carolus Antonius XVII. 12.

R

R*Abbini*. Julius Antonius VI. 17.
Radiis de. Alexander. Laurentius IX. 3.
Rafetti. Gaspar Joseph XI. 4.
Ravoni. Alexander XIII. 3.

Reſtagni. Anna Maria Moz-
 zi IX. 19.
Reviliis de. Petrus XIV. 8.
Reydes. Claudia *Cornillion*.
 Gaſpar XV. 5.
Rezzonico. Vide Clem. XIII.
 Pont.
Ricci. Horatius II. 11. 12.
Ricciolini. Franciſcus. Vi-
 ctoria *Leria* IX. 20.
Ripa. Auguſtinus Victorius
 Ep. IV. 10. Johannes Bap-
 tiſta v. 11.
Roſeus. Vincentius X. 24.
Roſpigliofi. Vide Clem. IX.
 Pont.
Rota. Johachimus VI. 15.
 Johannes Baptiſta Rotæ Au-
 ditor v. 5.
Rubeis de. Johannes XVI. 13.
 XVII. 21. Johannes Fran-
 ciſcus XVI. 13.
Rubini. Gabriel Georgius.
 Johannes Baptiſta VI. I.
 3.
Ruggeriis de. Bartholomæus.
 Paulus XVI. 5. Victoria *Le-
 ria* IV. 8.
Ruſticucci. Hieronymus Card.
 IV. 6.
Ruvere de. Chriſtophorus
 Dominicus Card. III. 4.
 5. 6. Hieronymus Card.
 Julius. Laelius III. 15. Xy-
 ſtus IV. quem vide.

S

SAbbatucci. Auguſtinus IV.
 12.
Saccbetti. Julius Card. v. 13.
Sala. Joſeph Philippus X. 29.
Salvage. Magdalena X. 9.
Salutius. Antonius Prot. Apoſt.
 V. 7.
Sammartini. Carolus Henri-
 cus IX. 22.
Sanguineus. Marcellus VIII. 6.
Sanna. Johannes VIII. 9.
Sanctis de. Lucianus XIII.
 10. Victoria *Furgotti* XVII.
 9.
Sarmenti. Johannes XIII. 2.
Sburlati. Bernardus XIII. 11.
 XV. 8. Ginevra *Avellana*
 XV. 8.
Scarnati. Flaminia. Hiero-
 nymus IX. 16.
Schola. Guilielmus. Johan-
 nes XVI. 3.
Secundini. Antonius. Caeci-
 lia. Hippolita. XIV. 11.
Selinus Turcarum Tyrannus I.
 19. 20. 21. IX. 8.
Sells. Jacobus XIII. 8.
Senzaſono. Decius IX. 25.
Seva. Bartholomaeus X. 21.
Sfortia comes S. Florae I. II.
 19.
Sfortia. Franciſcus dux Me-
 diolani VII. I.
Silvius. Fr. Henricus Ep. v.
 13.

Simo-

ALPHABETICUS; 189

Simonetti. N. xi. 4.
Sinibaldi. Fabricius ix. 7.
Soduni. Antonius. xvi. 10.
   Franciscus xiii. 17. xv. 12.
   Johannes Baptista. Petrus
   Antonius xvi. 10.
Soluri. Carolus. Franciscus
   x. 6.
Spannocchia. Marcus Antonius I. 21.
Spini. Bartholomaeus xiii. 2.
Stampa. Magdalena xiii. 5. 6.
Stephanus Gallus xiii. 2.
Stoperini. Amadeus. Nicolaus x. 14.
Stramba. Antonia xv. 2.
Summaripa. Fabricius viii.
L.
Surdi. Herminia *Ferrari* viii. 34.

T

TAracchia. Carolus Benedictus de *Jordanis* iv. 14.
Taurelli. Francisca x. 21.
Testa Carchano. Anna. Johannes. Lucretia *Capponi*. Ubertus xv. 14.
Tetti. Bernardus. Johannes. Thomas x. 19.
Thomati. Antonius V. S. Ref. 11. 4. Bartholomaeus. Carolus ix. 23. Johannes Dominicus Ep. iv. 11. 12.
Marcus Antonius ep. Marcus Antonius jun. ep. iv.
9. Petrus ix. 23.
Thomati Amista. Joseph vi. 14.
Titoni. Blasius. Joh. Baptista xiv. 13.
Tornielli. Octavius x. 25.
Tournon. Vide *Maillard*.
Trotti. Bernardus xvii. 18.
Turre de. Antonius xvii. 3.

V

VAcca. Michael Angelus v. 12.
Vai. Stephanus Ep. vi. 9.
Valeri. Bernardus. Gulielmus xvi. 11.
Valle. Angelus xiii. 2.
Valletta. Victoria 1. 16.
Vandoni. Johannes Baptista. Nicolaus xv. 9.
Venturini. Antonius xiii. 2.
Verelli. Cardinalis v. 13.
Versa de. Franciscus. Hieronymus xiii. 2.
Ugolini. Stephanus viii. 6.
Vicecomes. Ludovicus 11.12.
Victorius Amedeus Siciliae Rex 11. 14.
Victorius. Jacobus ix. 24.
Vigna. Caesar Franciscus. Jacobus Franciscus vii. 5.
Vincenti. Philippus xvi. 21.
Vincentius Bononiensis xii. 2.
Vitri-

Virili. Antonius. Darius. Laelius. Petrus. Sigismunda *Prati* IX. 9.
Vivaldi. Catharina. Clara *Borlana* XV. 1 L. Julianus XV. 1 L. Petronilla. Veronica XV. 1 L.
Ungarini. Antonius. Franciscus. Johannes XIV. L.
Urbanus VIII. Pont. III. 17. IV. 9. IX. 17. X. 24. XIII. 15.
Ursinis de. Vide Bened. XIII. Pont.
Utellis de. Andreas. Johannes Andreas. Ludovicus Martinus. v. 10.
Uulpani. Catherina. Johannes Christophorus XV. 13.

X

Xystus IV. Pont. II. 2. 3. III. 4. 7. X. 2.
Xystus V. Pont. I. 10. X. 22.

Z

Zabaldini. Fr. Cyrillus VI. 9.
Zacarias Florentinus XIII. 2.
Zanoli. Johannes Franciscus XVII. 5.
Zavaresi. Dominicus Antonius XIII. 18.
Zoboli. Franciscus. Sigismundus IX. 14.
Zucchini. Plautilla XV. 12.

INDEX
PECULIARIS FAMILIARUM
PER PATRIAS DISTRIBUTARUM,

Quæ in Indice præcedenti per ipsa cognomina reperiri poterunt.

A

ALBA POMPEIA
Capotia.
Zabaldina.
ALBINGAUNUM
Aste de.
Vivalda.
ALEXANDRIA
Statiellorum.
Bonella.
Ghisliera.
Invitiata.
Molinaria.
Vacca.
AMENUM
Agazina.
ARRETIUM
Camajana.
ASSIA
Albinganen.
Ponte a.
ASTA POMPEJA
Ari.
Balba.
Bona.
Johanna.
Peletta.
Prata.
Sburlata.
Silvia.
Solara.
Thomata.
Vigna.
AUXIMUM
Pina.

B

BONONIA
Boncompagna.
Castello de.
Gypsia.
Lambertina.
Ludovisia.
BOSCUM
Ghisleria.
BRANZAGUM
Bovia.
BREMA
Papien.
Ungarina.

BRI-

INDEX PECULIARIS FAMILIARUM

BRIXIA
Fogliatis de.
BUGFLANUM
Tettia.

C

CALARIS
Caja.
Delfy.
Kreaytter de Corvinis.
Pancaxini.
Sanna.
CARAVAGGIUM
Vulpana.
CARCARI
Castellana.
CARIGNANUM
Provana.
CARPI
Pia.
CASALE
Alchisia.
Baronina.
Gamberia.
Gaspardona.
Giordana.
Millo.
Palleana.
Tarachia.
Sala.
CASSINUM
in Insubria.
Arrigona.
CASTELLATIUM
Alexandrinen.
Trotta.

CASTRUMNOVUM
Sabinen.
Virili.
CATINARIA
Argaglietta.
Bardona.
Biocca.
Fuscaglia.
Gaeta.
Lamberta.
Magona.
Sodana.
S. COLUMBANUS
Galdina.
COMUM
Odescalcha.
CREPACORIUM
Bissaiga.

D

DERTHONA
Carnilia.
Cavalchina.
Ecclesia de.
Ferraria.
Gentili.
Radia.
DULCISAQUA
Barberia.

E

EPOREDIA
Revilia.
Sanmartina.

FANUM

PER PATRIAS DISTRIBUTARUM.

F

FANUM FORTUNAE
Rusticuccia.
FIRMUM
Balestra.
FLORENTIA
Alexandris de.
Barberina.
Corsina.
Manzolia.
Marcorellia.
Nicolai.
Sacchetta.
Sarmentia.
Valle.
FORUM LIVII
Loghia.
FORUM SEMPRONII
Passionea.
FULGINEUM
Senzasono.

G

GENEVA
Foresta.
Reydet.
GENUA
Cybo.
Ferri.
S. GEORGIUS
Canapisins.
Guidoni.
Javella.
Mannina.

H

HISPANIA
Paceco.
HORTUS NOVUS
Novarien.
Maffioli.
Vitali.

I

IMOLA
Carretto.

L

LABRIANUM
Alciata.
LAUS POMPEJA
Summaripa.
LAURETUM
in Piceno.
Mozzia.
LIBURNUM
Montisfer.
Garronia.
LUCA
Monia.
LUCANUM
Eporedien.
Boggia.

M

MACANEUM
Albertina.
MEDIOLANUM
Medicea.
Petra.

Bb   Vice-

INDEX PECULIARIS FAMILIARUM

Vicecomes.
MEDIOMATRIX
Bulteta.
MODIUM
Mediolanen.
Lucatella.
MONS POLITIANUS
Cervina.
MONS REGALIS
Balada.
Bayla.
Blengina.
Castruccia.
Corderia.
Daldea.
Fauzonia.
Gosia.
Longia.
Rota.
Rugeria.
Schola.
Stoperia.
Thomata Amista.
MUTINA
Altobella.

N

NEAPOLIS
Carrafa.
Pignatelli.
Ponte de.
NICEA
Ceva.
Ferreria.
Puteo a.

Seva.
Utellia.
NICOSIA
Lingles.
NOVARIA
Agazzina.
Bilia.
Boco.
Bonipetra.
Caccia.
Capitanea.
Charcana.
Gramonia.
Mannina.
Mozzia.
Nigra.
Piscatoria.
Pogiana.
Porta de la.
Tesla.
Torniella.
Zanola.
NURSIA
Senzasono.

O

OLEGGIUM
Mediolan.
Mazziaga.
Vandona.

P

PAPIA
Ghisleria.
PARMA
Berneria.

PINA-

PER PATRIAS DISTRIBUTARUM. 195

PINAROLUM
Vincentia.
PISAE
Abbatibus de.
PISTORIUM
Martinila.
Rospigliosia.
PONS STURAE
Casalen.
Capretia.
PRATUM
in Etruria.
Vaja.
PRATUM
Novarien.
Furgotta.
Persinaria.
PREDARIUM
Novarien.
Nepi.

R
REGIUMLEPIDI
Zobola.
RECINETUM
Massutia.
RIPALTA
Aquen.
Petrasancta.
ROMA
Alteria.
Aragonia.
Belcaria.
Bertoncella.
Bonjoanne.
Boniana.
Burghesia.

Caccia.
Cagnellia.
Capranica.
Carduccia.
Cavaleriis de.
Casales.
Coronata.
Crespiata.
Falconeria.
Farnesia.
Furnaria.
Gallacina.
Grassis de.
Guarnellia.
Lancellotta.
Maxima.
Muliarna de.
Muti.
Mutia.
Palentia.
Pamphilia.
Prata.
Prisa.
Puteo a.
Rogeria.
Sabella.
Sanguinea.
Sinibalda.
Stampa.
Veralla.
Ugolina.
Victoria.
Ursina.
Vulpana.
ROMANIANUM
Titonia.

Bb 2 RO-

ROVATTUM
Capua.

S

SABAUDIA
Arieta.
Arnalda.
Beſſonia.
Caſalia.
S. Michaele de.
SALUTIUM
Peperi.
SARZANA
Macinellia.
SAVONA
Ruverea.
SARDINIA
Pipia.
SCAGNELLUM
Alben..
Gandulſa.
SENAE
Ghiſia.
Piccolominea.
Spannocchia.
SEPTIMIUM
Taurinen.
Borla.
SERRAVALLIS
Vercellen.
Cena.
STAMIANUM
Antonellia.

SURRISUM
Novarien.
Maſſaria.

T

TAURINUM
Ameta.
Arcatoria.
Baratta.
Beſſia.
Bocco.
Ogeria.
Maillard de Tournon
Meotta.
Ripa.
Rubina.
TUDERTUM
Ricciolina.

V

VALENTIA
In Hiſpania.
Borgia.
VALENTIA
Annibaldi.
VECIMEN.
Aquen.
Rabbinia.
VENETIAE
Barbo.
Othobona.
Rezzonico.
Venturina.
VERCELLAE
Alborio de.

Bra-

Bravetta.
Calandra.
Leria.
Marchis de.
Ravonia.
Spinis de.
VIGEVANUM
Buxis de.
VIRGULTUM
Brunella.

VITERBIUM
Sanctis de.
UNELIA
Calvi.
VOGHERIA
Riccia.
VOLATERRAE
Guidia.
URBINUM
Albana.
Garronia.

INDEX

INDEX
ECCLESIARUM
SACRORUMQUE LOCORUM
In Opere memoratorum.

A

s. Agathæ in Reg. Montium xvii. 3.
s. Agathæ in Reg. Transtyb. xiii. 14.
s. Aloysii nationis Gallorum v. 9. vi. 4. 10. xv. 5. xvi. 4. 11. xvii. 20.
s. Anastasiæ iii. 11.
s. Andreæ de Fractis iv. 9.
s. Andreæ in Laterano iii. 17. v. 14.
s. Andreæ de Valle iv. 9.
s. Andreæ in Vaticano iii. 3.
s. Angeli in Burgo v. 7.
s. Angeli in Foro piscium xiv. 7.
s. Augustini iv. 1. 3. 7. v. 2. vi. 5. viii. 9. ix. 4. x. 4. 6. xiii. 4. xiv. 5.

B

s. Bernardi ad Thermas iii. 19. 20. ix. 22.
s. Blasii in Cantusecuto vi. 1.

C

s. Cæciliæ in Reg. Transtyb. v. 3.
s. Caroli Catinariorum x. 25. xv. 11. xvi. 13.
s. Caroli in Vialata x. 24. xiii. 17. xv. 12. xvii. 5.
s. Catharinæ Funariorum iv. 4.
ss. Celsi & Juliani x. 27.
s. Chrysogoni iii. 2. iv. 14.
s. Clementis iii. 5. 6. 8.
ss. Cosmatis & Damiani in Foro Boario x. 21.
s. Cosmatis in Reg. Transtyb. xiii. 1.
s. Crucis in Hierusalem I. 12.

D

s. Dominici Majoricensis Ord. Præd. iii. 23.
ss. Duodecim Apostolorum ix. 17. xiv. 3. xvii. 14. 15.

s. Fran-

SACRORUMQUE LOCORUM.

F

s. Francisci ad Ripam vi. 7. viii. 7. xiv. 2. xvi. 9. xvii. 11.

G

s. Gregorii in Clivo Scauri v. 12. viii. 6. x. 19. xiii. 5. xvii. 18.
s. Gregorii ad Pontem Cæstium xvii. 16.

H

s. Hieronymi de Charitate iii. 24. v. 8.
s. Homoboni xv. 4.
s. Honuphrii v. 4. vi. 8. xiv. 14. xv. 8.

I

s. Jacobi in Reg. Pontis xv. 14.
s. Johannis in Ayno ix. 24.
s. Johannis Florentinorum v. 13.
s. Johannis in Laterano I. 1. 2. 11. iv. 9. vi. 2. 3. 15.
s. Johannis Bap. & Evang. Oratorium in Laterano I. 1. 2. 3.
s. Josephi Lignariorum xiii. 2.

L

s. Laurentii in Damaso x. 7. xiv. 1. 11. xvii. 4.
s. Laurentii in Lucina xv. 16.
s. Laurentii in Miranda xiii. 11.
s. Laurentii in Reg. Montium iv. 13. vi. 17.
s. Laurentii extra muros v. 1. ix. 8.
s. Luciae de Confalone xiv. 6.
s. Luciae della Tinta ix. 12.

M

s. Marci vi. 18. 20.
s. Mariae in Aquiro viii. 3. 4.
s. Mariae de Aracoeli I. 20. 21. x. 10.
s. Martini Arboren. Ord. Praed. iii. 23.
s. Mariae in Armeto vi. 15.
s. Mariae in Aventino ix. 2.
s. Mariae in Campo Sancto ix. 3. 2. 5. 9. 12.
s. Mariae Conceptionis Capuccinorum ix. 26.
s. Mariae Confolationis x. 21.
s. Mariae in Cosmedin vi. 19.
s. Mariae ad Fontem in Laterano xvii. 22.

s. Ma-

INDEX ECCLESIARUM

s. Mariae de Horto xIII. 3. 10. 15. xIV. 13. xv. 13. xvI. 5. 6. 8. 10. 12. xvII. 6. 8. 9. 13.
s. Mariae Lauretanae vIII. 1. xIII. 18. xIV. 4. xv. 2.
s. Mariae Majoris l. 19. III. 11. 13. v. 11. vII. 2.
s. Mariae ad Martyres Ix. II. 23. xII. 1.
s. Mariae supra Minervam I. 7. 10. 18. III. 9. 14. 21. 23. v. 6. 9. vIII. 2. Ix. 25. x. 8. 17.
s. Mariae de Monserrato xv. 3.
s. Mariae Novae vII. 1. Ix. 13.
s. Mariae de Pace x. 21.
s. Mariae de Planctu Ix. 11. xI. 3. xv. 15. xvI. 3. 7. xvII. 19.
s. Mariae de Populo III. 4. v. 5. vI. 6. vIII. 5. Ix. 1. x. 1. 11. 16. 18. xv. 7. 9. xvII. 7.
s. Mariae Puritatis Iv. 6.
s. Mariae de Scala Ix. 7.
s. Mariae in Sylva Vercellen. Dioec. Iv. 12.
s. Mariae Transpontinae III. 25. Iv. 8. v. 13. xII. 2. xIII. 9. 19.
s. Mariae in Reg. Transtyberina v. 12. vI. 16. Ix. 19. xIv. 12. xv. 6. 10.
s. Mariae in Trivio vI. 14.
s. Mariae in Vallicella Iv. 10. x. 20. xIII. 13. xIv. 8. 9.
s. Mariae in Vialata III. 16. Ix. 5. 14. xIII. 16.
s. Mariae de Victoria vI. 20. x. 22. xvII. 17.
s. Mariae Magdalenae in Vialata Ix. 10.
s. Martini in Reg. Montium v. 15.

N

s. Nicolai de Archionibus Ix. 18. xI. 4.
ss. Nicolai & Blasii de Calcarariis x. 28.
ss. Nominis Jesu de Vialata xIII. 8.

P

s. Pancratii III. 12.
s. Petri in Monte Aureo x. 13. 14. xv. 1. xvI. 1.
s. Petri in Vaticano III. 3. 7.
s. Petri ad Vincula III. 15. Iv. 2. x. 2.
s. Praxedis III. 1.

Q

ss. Quirici & Julittae I. 29.

s. Re-

SACRORUMQUE LOCORUM.

R

ss. **R**egum Magorum II. 22.
s. Rochi ad Ripam XVII. 10.
s. Rufinae in Reg. Transtyberina XIII. 20.

S

s. **S**abinae I. 7. X. 23.
s. Salvatoris in Lauro II I. 19. V. II. IX. 21.
s. Salvatoris in Unda XVII. 2.
ss. Sergii & Bacchi II. 8.
s. Spiritus in Saxia I. 17. II. 2. VI. 9. IX. 6.
s. Stephani del Cacco IX. 15. 16.

ss. Sudarii I. 4. IV. 12. V. 16. XI. 2.
s. Symeonis Prophetae X. 20.

T

ss. **T**rinitatis in Monte Pincio I. 8. IV. 5. IX. 9. X. 3. 15. XI. I. XVI. 2. XVII. 21.
ss. Trinitatis Peregrinorum XIII. 6. 12. XIV. 10. XVII. 23.
ss. Trinitatis ad Pontem Xystum X. 21.

V

s. **V**italis II. 4.
ss. Viti & Modesti II. 13. XVII. I.

INDEX
LOCORUM PROFANORUM
In opere memoratorum.

A

ACerna XIII. 16.
Alba Pompeja v. 11. VI. 9. 20. IX. 20. XIV. 3.
Albanum IX. 20.
Albingaunum IV. 7. VI. 16. IX. 4. XIII. 16. XV. 11.
Aleria III. 7. IV. 2. X. 2.
Alexandria Statiellorum I. 7. III. 14. 22. v. 12. VI. 5. IX. 2. 18. XVII. 18.
Amenum Novarien. VI. 2. XIV. 9.
Aqui IV. 3. VI. 17.
Aragonia III. 1.
Arborea III. 23.
Arignanum IX. 15.
Armenia II. 1.
Asculum X. 23.
Assia Albinganen. VI. 16.
Asta Pompeia IV. 6. 9. v. 13. X. 4. 6. 11. 23. 26. VIII. 5. XIII. 11. 19. XV. 6. 8.
Avenio I. 15. IX. 16.
Austria IX. 20.
Auximum III. 23. XVII. 7.

B

BArium III. 9. 10.
Battifolle v. 14.
Bene VI. 18.
Biteclum IV. 9.
Bononia III. 8. 11. 25. v. 8. VI. 7. 13. IX. 16. XIII. 2.
Bordina IX. 16.
Boschum I. 7.
Branzagum XV. 9.
Brema XIV. 1.
Brixia XIII. 2.
Bugflanum X. 19.

C

CAbellio v. 4. IX. 16.
Cadubrium X. 3.
Calaris III. 1. VIII. 9. XVII. 16.
Campus Martius X. 15.
Capitolium XVII. 12.
Carcari v. 11.
Carigoanum X. 11. 18.
Carpi I. 8.
Casale III. 25. IV. 1. 4. VI. 6. X. 10. 29. XII. 1. XIII. 14. XV. 4.

Cas-

LOCORUM PROPHANORUM.

Cassinum in Insubria xvii. 17.
Castellatium xvii. 18.
Castrumnovum v. 10.
Castrumnovum Sabinen. ix. 19.
Cattinara Vercellen. xiii. 17. xv. 12. 13. xvi. 6. 7. 8. 10. xvii. 8.
Cherium x. 15.
Chrysopolis iv. 6.
Cilianum Vercellen. vi. 19.
Clavisiana v. 7.
s. Columbanus xiv. 4.
Crepacorium x. 27.
Cyprum I. 19. II. 2. 3. 4.
Cyrene iv. 11. vi. 9.

D

Dalmatia ix. 18.
Derthona iii. 12. 24. iv. 5. v. 8. viii. 3. 4. ix. 3.
Dulceaqui vii. 2.

E

Echinadae Insulae I. 13. 14. 19. v. 6. ix. 8.
Emporium in Etruria x. 29.
Eporedia v. 13. ix. 22. xiv. 8. xvii. 6. 10.

F

Fanum Fortunae 14. 6. s. Flora I. 11.
Florentia iv. 8. vi. 13. x. 28. xiii. 2.
Finarium x. 3.
Firmum ix. 20.
Fontanella xiii. 2.
Forum Livii iii. 25.
Forum Sempronii iii. 20.
Fulgineum ix. 25.

G

Gallia I. 11. 19. III. 14. 17.
Geneva xiii. 6. xv. 5.
Genua iii. 7. xiii. 2. xv. 10.
s. Georgius Canapitius xiv. 5. 7. xvii. 6.
Gozanum Novarien. xvii. 4.

H

Hierusalem ii. 1. 4.
Hispania iii. 4.
Hortus Novus Novarien. vi. 5. xiii. 12.

INDEX

I

Imola ix. 13.

L

Labrianum xix. 14.
Lauretum ix. 19.
Laus Pompeja viii. 1. xiv. 4.
Lermineu xv. 5.
Liburum Montisferrati ix. 21.
Linquilla xvi. 1.
Lotharingia xvii. 12.
Luca xiii. 2.
Lucanum Eporedien. xvii. 10.
Luna in Etruria vi. 5.
Lufitania iii. 14.

M

Macaneum iii. 22. xv. 15.
Majorica iii. 23.
Manhemium ix. 26.
s. Martinus x. 6.
Mediolanum iii. 12. v. 5. vii. 1. ix. 30. x. 22. xiii. 2.
Mediamatrix x. 7.
Monafteriolum v. 14.
Modium Mediolanen. dioec. x. 22.
Mons Ferratus iii. 18. xvii. 3.

Mons Politianus x. 19.
Mons Regalis iv. 4. v. 9. 12. vi. 14. 15. 18. viii. 6. x. 14. 28. xiv. 2. xv. 3. xvi. 1. 2. 3. 4. 5. xvii. 19.
Mutina xvii. 7.

N

Nicea iii. 9. x. 24. xiii. 13. xvii. 12.
Nicofia ii. 3.
Novaria iii. 3. v. 2. 10. 14. vi. 2. ix. 1. 25. x. 1. 3. 5. 9. 12. 13. 21. 25. xiii. 2. 3. 12. 18. xiv. 9. 10. xv. 1. 9. 14. xvi. 12. xvii. 1. 2. 4. 5. 6.

O

Olegium Novarien. Dioec. xv. 9. xvi. 12.
Oftia ix. 26.

P

Pallazolum v. 16.
Pamparatum x. 28.
Panicum ix. 16.
Papia xiv. 1.
Parma x. 1. 23.
Peloponefium ix. 21.
Philippinae Infulae iii. 24.
Picenum v. 11.
Pinarolum xvii. 21.

Pifae

LOCORUM PROPHANORUM.

Pisae XIII. 2.
Pistorium X. 27. XIII. 2.
Polonia XVII. 12.
Pons Sturae Casalen. XV. 4.
Portus Romanus III. II. X. 23.
Pratum in Etruria VI. 9.
Pratum Novarien. Dioec. XIII. 10. 15. XIV. 10.

R

REcinetum XVII. 7.
Regium Lepidi IX. 14.
Rhenum IX. 26.
Ripalta Aquen. Dioec. XIII. 9.
Roburetum X. 28.
Roma IV. 8. V. 13. VI. 5. VIII. 6. IX. 6. 7. 13. 15. 24. X. 26. 27. 29. XI. 1. XIII. 3. 5. 6. XIV. 7. 12. XV. 3. 4. 9. 13. 15. XVII. 2. 14.
Romanianum XIV. 13.
Rovattum X. 26.

S

SAbaudia II. 4. V. 7. VI. 8. 10. 18. IX. 24. X. 8. XVII. 15. 20.
Saint' Agnes IX. 24.
Salix III. 21.
Salutiae IV. 4. VI. 7.
Salutiola XI. 2.

Sardinia II. 1. 2. III. 23.
Sarzana VI. 5. XIII. 2.
Savona VII. 1.
Scagnellum Alben. Dioec. VI. 20.
Sena III. 21.
Septimum Taurinen. Dioec. IX. 15. XV. 2.
Serravalle V. 13.
Sicilia IX. 24.
Sina III. 22. X. 28.
Stamianum XIII. 2.
Surrisum Novarien. Dioec. XV. 16.

T

TAbianum IX. 14.
Tarantum IV. 3.
Taurinum III. 15. 22. IV. 10. V. 15. VI. 1. 3. VIII. 2. IX. 24. X. 15. 16. XI. 1. 2. 4. XIV. 6. XV. 2.
Tudertum IX. 20.
Turcicum Imperium IX. 18.

V

VAllis Mutia IX. 15.
Vecimen. Aquen. Dioec. VI. 17.
Vellitrae IX. 26.
Venetiae I. 19. 20. 21. XIII. 2.
Vercellae IV. 1. 8. 10. V. 13. VI. 19. IX. 20. X. 19. 27. XII.

XII. 2. XIII. 1. 2. 3. 4. Unelia VIII. 7. 8.
17. XIV. 14. XV. 7. 13. Ungaria III. 7.
XVII. 9. Vogheria IX. 11. 12.
Vienna XVII. 12. Volaterrae III. 10.
Viglevanum IV. 2. V. 3. X. 2. Urbinum I. 22. IX. 21.
XIII. 2. Vulturaria IV. 5.
Virgultum XVI. 9.

www.ingramcontent.com/pod-product-compliance
Lightning Source LLC
Chambersburg PA
CBHW020900230426
43666CB00008B/1257